Comunicando-se com o Arcanjo Rafael

Para Cura e Criatividade

Richard Webster

Comunicando-se com o Arcanjo Rafael

Para Cura e Criatividade

Tradução:
Priscila R. de S. Pereira

Publicado originalmente em inglês sob o título *Communicating with the Archangel Raphael — for Healing & Creativity* por Llewellyn Publications.
© 2005, Richard Webster/ Publicado por Llewellyn Publications/ St. Paul, MN, 55164 USA
Direitos de edição e tradução para todos os países de língua portuguesa.
Tradução autorizada do inglês.
© 2011, Madras Editora Ltda.

Editor:
Wagner Veneziani Costa

Produção e Capa:
Equipe Técnica Madras

Tradução:
Priscila R. de S. Pereira

Revisão:
Wilson Ryoji Imoto
Silvia Massimini
Maria Inês de Castro Assunção
Tânia Hernandes

**CIP-BRASIL. CATALOGAÇÃO-NA-FONTE
SINDICATO NACIONAL DOS EDITORES DE LIVROS, RJ.**

W389c
Webster, Richard, 1946-
Comunicando-se com o Arcanjo Rafael : para cura e criatividade / Richard Webster; tradução de Priscila R. de S. Pereira. - São Paulo: Madras, 2011
3ed.
Tradução de: Communicating with the Archangel Raphael : for the healing & creativity Inclui bibliografia
ISBN 978-85-370-0218-6
1. Rafael, Arcanjo. 2. Cura pela fé. 3. Criatividade - Aspectos religiosos. I. Título.
07-1184   CDD 291.215
                                                  CDU 291.215
04.04.07   13.04.07   001194

Proibida a reprodução total ou parcial desta obra, de qualquer forma ou por qualquer meio eletrônico, mecânico, inclusive por meio de processos xerográficos, incluindo ainda o uso da internet, sem a permissão expressa da Madras Editora, na pessoa de seu editor (Lei nº 9.610, de 19.2.98).

Todos os direitos desta edição, em língua portuguesa, reservados pela
MADRAS EDITORA LTDA.

Rua Paulo Gonçalves, 88 — Santana
02403-020 — São Paulo — SP
Caixa Postal 12183 — CEP 02013-970 — SP
Tel.: (11) 2281-5555 — Fax: (11) 2959-3090
www.madras.com.br

Para meus bons amigos Ed e Bobbi Fowler

Índice

Introdução 11

Capítulo 1. Quem é Rafael? 19
    Rafael e Tobit 20
    O Livro de Enoch 23
    Rafael e Noé 24
    Rafael e Salomão 24
    O Tanque em Betesda 25
    Rafael na Literatura 26
    Rafael na Arte 27
    Rafael, o Professor e Curandeiro 28
    Bens Perdidos ou Roubados 29
    Aprendizado 30
    Integralidade 31
    Cura 32
    Cura Emocional 33
    Vícios 34

Capítulo 2. Cinco Maneiras de Entrar em Contato com Rafael 37
    Iniciando o Ritual 39
    Respiração de Cor 43
    Ritual do Desenho 44
    Ritual do Vento 47
    Ritual de Visualização 48

Capítulo 3. Como Pedir Ajuda 51

Capítulo 4. Como Entrar em Contato com Rafael todos os
Dias 57
    Meditação Diária com Rafael 60

Capítulo 5. Os Selos de Salomão 63
    Como Proteger algo com o Pentagrama 67
    Afastando Negatividade do Pentagrama 68
    Rituais de Pentagrama de Banimento e Invocação 69
    Cruz Cabalística da Luz 70
    Ritual de Banimento 71
    Ritual de Invocação 72
    Conclusão do Ritual de Banimento 74
    A Estrela de Davi 75
    Ritual de Atração Angelical 77
    Ritual de Integralidade 79

Capítulo 6. Cura com Rafael 81
    Descansando em seus Braços 83
    Autocura com Rafael 84
    Cura da Aura 85
    Mãos Curativas 88
    Cura Ausente 90
    Tornando-se um Curandeiro 91

Capítulo 7. Rafael e o Ar 93
    Respiração 94
    Cura com sua Respiração 94
    Incenso 95
    Pot-pourri 98
    Voz e Som 99
    Glossolalia 102
    Afirmações 103
    Meditação de Mantra 105
    Como Enviar Mensagens Escritas a Rafael 107

Capítulo 8. Rafael e os Cristais 109
    Pedras Preciosas Curativas de Rafael 110
    As Pedras de Rafael para Criatividade 114

As Pedras Preciosas Tradicionais de Rafael 117
Como Dedicar seu Cristal a Rafael 118
Rabdomancia com Cristal 119

Capítulo 9. Rafael e os Chacras 123
    Equilibrando seus Chacras 126
    Seu Chacra Cardíaco 127
        Avaliando seu Chacra Cardíaco 129
        Reativando seu Chacra Cardíaco 130
        Como Expressar Amor Universal o Tempo Todo 132
        Dando e Recebendo Amor com seu Chacra
        Cardíaco 133
        Rezando com seu Chacra Cardíaco 135

Capítulo 10. Rafael e a Criatividade 137
    Exercícios de Criatividade 139
    Mandalas 140
    Explorando o Desconhecido 141
    Exercício de Criatividade do Chacra 142
    Criando uma Vida 144

Capítulo 11. Conclusão 147

Bibliografia 149

Introdução

"Rafael triunfa sobre os espíritos dos homens."

Enoch

Embora eu fosse à capela da escola, aprendi pouca coisa acerca de anjos* até a metade dos anos de 1960, quando integrei a Sociedade Teosófica. Considero-me privilegiado porque um de seus frequentes oradores era Geoffrey Hodson (1886-1983), famoso autor de muitas obras, como *The Coming of The Angels, The Angelic Hosts* e *The Kingdom of the Gods*. Ele era um maravilhoso orador e gostei de todas as suas palestras.

Em uma noite, ele falou a respeito de Rafael e fiquei fascinado ao saber do papel desse arcanjo na cura. Meu pai era cirurgião e, há poucos meses, ajudou a organizar uma cerimônia religiosa especial em uma igreja local para comemorar o dia de São Lucas, "o médico querido". Meu pai não tinha tempo para uma religião organizada, mas estava envolvido porque era o diretor de uma associação médica. Enquanto ele trabalhava nesse projeto, leu acerca de São Lucas e compartilhou o que aprendera com o restante da família. Então, pensei que São Lucas era o pai da Medicina e me surpreendi quando Geoffrey Hodson me disse que Rafael era mais importante do que São Lucas no que diz respeito à cura.

*N.E.: Sugerimos a leitura de *Hierarquia Angelical*, de Giovanna Lakshimi Veneziani Costa, Madras Editora.

Isso despertou meu interesse em Rafael e passei muito tempo aprendendo a respeito dele antes de ampliar meus interesses nos outros arcanjos.

Antes de enfocar os arcanjos, principalmente Rafael, deveríamos começar perguntando: o que são anjos? São Tomás de Aquino (1225-1274), sempre mencionado como o "médico angelical", os definiu como "criaturas puramente não corpóreas, intelectuais e espirituais, com 'substâncias'".[1] Embora os anjos sejam seres espirituais, eles podem interagir com o mundo físico quando necessário. O anjo do Senhor na ressurreição de Cristo, por exemplo, foi capaz de remover a pedra pesada que fechava o túmulo de Jesus (Mateus 28:2, Marcos 16:3-4). Os anjos também são sobre-humanos. Em Apocalipse 7:1, João diz: "quatro anjos que estavam sobre os quatro cantos da Terra, retendo os quatro ventos da Terra". Eles têm sabedoria, emoção e livre-arbítrio. Conhecem a diferença entre o bem e o mal (II Samuel 14: 17-20) e almejam entender o plano de Deus para a humanidade (I Pedro 1:10-12). Ficam alegres com o arrependimento de todos os pecadores (Lucas 15:10). Optam por obedecer à palavra de Deus (Salmos 103:20, Apocalipse 22:8-9). São seres sagrados e espirituais que adoram e servem a Deus. Seu papel mais importante é agir como mensageiros entre Deus e a raça humana.

Há alguns anos, um conhecido contou-me que não acreditava em anjos, embora o desejasse. Eu lhe disse que era possível mudar suas crenças com um simples processo de três etapas. Infelizmente, ele não se interessou e suponho que ainda deseje acreditar em anjos.

Se você, assim como ele, gostaria de acreditar em anjos e não tem total certeza de que pode aceitá-los, precisa treinar sua mente com novas formas de pensamento. As três etapas são: oração, afirmações e imaginação. Comece rezando para Deus e peça por experiência angelical. Se não gostar da ideia do termo "Deus", reze para a "Fonte da Vida Universal" ou para qualquer poder supe-

---

1. Tomás de Aquino, citado em: Karl Barth, *Church Dogmatics*, três volumes (Edinburgh, Scotland: T&T Clark Limited, 1960), Volume 3, p. 391.

rior a você. Se estiver com pressa, pode se comunicar diretamente com Rafael, pois ele responde imediatamente.

Apesar de que possa ter sido ensinado a você quando criança, não é necessário se ajoelhar ao lado da cama para rezar. Você pode orar mentalmente a qualquer momento que quiser. As melhores orações são aquelas em que se falam de maneira simples e repletas de fé. Lembre-se das palavras de Jesus: "Todas as coisas que pedirdes, orando, crede receber, e tê-las-eis" (Marcos 11:24). "E, tudo o que pedirdes na oração, crendo, o recebereis" (Mateus 21:22).

Em seus momentos de folga, diga a si mesmo que está aberto à existência dos anjos. Afirmações são ditados que você repete diversas vezes para si até sua mente aceitá-las como realidade. Acho ficar na fila muito menos tedioso hoje em dia, porque uso esse tempo vago para dizer afirmações a mim mesmo. Pode ser que você goste de dizer afirmações assim: "Atraio os anjos para mim". "Sou sempre ajudado e apoiado pelos anjos". "Com a ajuda do reino angelical, posso fazer algo de minha escolha". "Invoco os anjos a qualquer momento em que preciso de ajuda".

À noite, de preferência enquanto você estiver na cama à espera do sono, imagine que está se comunicando com os anjos. Assim, estará disponibilizando para si mesmo a chance de ter encontros angelicais.

Vi essas simples técnicas ajudarem muitas pessoas com o decorrer dos anos. Por alguma razão, elas parecem funcionar melhor quando você utiliza as três etapas. Continue até mudar suas crenças a respeito de anjos. O referido método é eficaz para vários problemas que impedem as pessoas de estabelecer contato angelical. Encontrei uma senhora que acreditava que os anjos se comunicavam com as pessoas no passado, mas não o faziam mais. Logo depois de usar esse método de três etapas, ela se comunicou com um anjo pela primeira vez. Foi sua falta de crença que evitou o acontecimento em anos anteriores.

No decorrer dos anos encontrei uma quantidade de pessoas que não acreditam em anjos, provavelmente igual à daquelas que acreditam. Um dos argumentos apresentados pelos incrédulos é que os anjos são mentes sem corpos. Portanto, é impossível a sua existência. Outro argumento deles é que os anjos vêm da religião primitiva, porém as pessoas dos tempos modernos não acreditam mais em coisas desse tipo. De vez em quando, ouço um ponto de vista interessante de que os anjos não existem por serem apenas parte do simbolismo religioso complexo que a mente humana projeta. As pessoas descrentes em Deus ou em um poder superior não aceitam obviamente a existência dos anjos.

As pessoas crentes em anjos têm pontos de vista completamente diferentes. Muitas acreditam neles porque os veem ou se comunicam com eles de algum outro modo. Outras creem em anjos porque eles são levados a sério na Bíblia, no Alcorão e em outros livros sagrados. Umas defendem a visão filosófica de que Deus precisa de mensageiros e os anjos são a maneira lógica de se alcançar isso. Essa foi a visão defendida por São Tomás de Aquino. É claro que algumas pessoas sempre defenderam a crença em anjos e nunca pensaram de forma séria a respeito do tema.

Tive inúmeras discussões com as pessoas acerca de anjos e, por fim, concluí que essa crença é uma decisão pessoal sempre originada de uma consciência interna ou experiência pessoal. No meu caso, foi uma experiência pessoal, relatada na obra *Spirit Guides and Angel Guardians*.[2] Por volta dos meus 20 anos, passei por um momento difícil e meu anjo da guarda veio em meu auxílio.

Os anjos são seres de espírito puro. São Tomás de Aquino, o médico angelical, acreditou que eles eram "intelectos" e, portanto, não possuíam matéria. Meister Eckhart (1260-1327) escreveu: "Isto é tudo que um Anjo é: uma ideia de Deus". O filósofo

---

2. Richard Webster, *Spirit Guides and Angel Guardians* (St. Paul, MN: Llewellyn Publications, 1998), pp. XV — XVI.

espanhol Moisés Maimônides (1138-1204) julgou que as aparições angelicais eram "expressões figurativas". Emmanuel Swedenborg (1688-1772), teólogo e cientista sueco, achou que poderíamos ver os anjos somente por meio da alma ou do nosso olho interno. Ele acreditava que, quanto mais puros de coração, mais somos aptos para ver os anjos.

William Booth (1829-1912), o fundador do Exército da Salvação, era obviamente puro de coração. Ele teve uma visão de anjos cercados pela luz de um arco-íris brilhante.

Todo mundo é capaz de entrar em contato com o reino angelical para fins de orientação, proteção e inspiração. As pessoas vivenciam os anjos de maneiras diferentes. Algumas são capazes de sentir sua presença e outras podem ouvi-los. Muitas se comunicam com eles em sonhos e umas conseguem vê-los.

Nesta obra, você aprenderá como se comunicar com os anjos, principalmente com o arcanjo Rafael, de várias formas. Você não precisa esperar que ocorra uma crise em sua vida para contatar os anjos. Eles querem tornar-se parte de sua vida cotidiana e estão esperando que você peça a companhia deles.

Os anjos sempre são imaginados como seres humanos bonitos, envoltos com asas. As asas servem a um propósito útil, pois demonstram simbolicamente que os anjos vivem em um nível que nós, simples mortais, nunca poderemos alcançar. As asas também simbolizam o fato de que eles podem viajar na velocidade do pensamento. Os filósofos medievais acreditavam que os anjos não usavam as asas para voar. Em vez disso, apenas pensavam no lugar onde queriam ir e eram transportados imediatamente. No Velho Testamento, eles aparecem como seres humanos e não parecem ter asas. Entretanto, os anjos têm a habilidade de aparecer em qualquer forma ou tamanho que quiserem, dependendo da situação.

Eles nos trazem mensagens de Deus e também participam da vida das pessoas, principalmente como consoladores e protetores. Sua principal tarefa é agradar e servir a Deus. Ao contrário dos guias espirituais, que viveram como seres humanos nos tempos antigos, os anjos nunca foram pessoas. Há poucas exceções conhecidas para tal. Acredita-se que o profeta Enoch tenha subido ao Céu e tornado-se Metatron, o chefe de todos os anjos. Algumas pessoas acreditam que São Francisco de Assis também se tornou um anjo depois de viver na Terra.

Os anjos querem auxiliá-lo, seja quando for necessário. Tudo o que você tem a fazer é pedir. Caso sua causa seja honesta e ética, a ajuda virá. No entanto, também precisa se esforçar. Não pode se acomodar e esperar que o reino angelical aja por você.

Os anjos também aparecem de modo inesperado em momentos conturbados. John Greenleaf Whittier expressou isso muito bem quando escreveu:

"Os anjos de Deus vêm silenciosamente apenas como bênção. Neles, a alma fica quieta, no silêncio de uma grande aflição."

O Venerável Beda (672-735 d.C.), teólogo anglo-saxão, é mais conhecido hoje em dia por sua obra *Historia ecclesiastica gentis Anglorum* (História Eclesiástica do Povo Inglês). Nela, ele conta a interessante história de um anjo que veio inesperadamente ajudar o poeta Caedmon (658-680 d.C.). Caedmon é lembrado como o primeiro poeta cristão do inglês arcaico e acredita-se que seu hino para a criação seja o poema mais marcante da época. Infelizmente, apenas nove versos sobreviveram. Aparentemente, quando jovem, Caedmon não podia cantar e isso lhe causou constante aborrecimento e humilhação. Todas as noites, em seu povoado, as pessoas se revezavam para recitar poesias e cantar músicas. Caedmon se afastava em silêncio e andava pelas montanhas até que todos fossem dormir. Em uma noite, enquanto estava nas montanhas sentindo-se triste, um anjo apareceu e falou para ele cantar. Para sua grande surpresa, Caedmon achou que tinha uma boa voz e pôde cantar. Ele voltou ao povoado como um homem transformado. O anjo também lhe deu o dom de transformar a Escritura em poesia vernácula. Caedmon começou a vida como um pastor iletrado, mas, depois de sua experiência angelical, ganhou confiança para se tornar finalmente um poeta famoso.[3]

Os anjos não têm sexo. Pelo fato de terem sido criados ao mesmo tempo e não morrerem, não há necessidade de se reproduzirem. Você poderia notar que determinado anjo é feminino, enquanto alguém poderia sentir que aquele outro é masculino. Isso se justifica pelo fato de aspectos diferentes do mesmo anjo serem vistos. Os anjos possuem energias masculinas e femininas em um estado de equilíbrio e interesses muito mais importantes do que sexo. Sexo não significa nada para eles.

Você pode invocar um anjo a qualquer hora. Encontrei pessoas que hesitam em fazê-lo, dizendo que são muito insignificantes para incomodar um anjo. Com certeza, este não é o caso. Você é um ser espiritual e sua alma está empreendendo uma viagem mística que o levará ao seu destino cósmico. Não importa quem seja, você é importante para Deus e não deveria hesitar em pedir ajuda quando precisar.

Na verdade, já tem um anjo especial que está sempre com você. Este é o seu anjo da guarda. Ele o conhece melhor do que você mesmo e existe apenas para proteger, orientar e aconselhar. No entanto, ele não interferirá sempre no que está fazendo, a menos que peça ajuda, pois percalços de vários tipos sempre podem ser exatamente o que precisa para progredir e se desenvolver. Para pequenas preocupações do dia a dia, você deve entrar em contato com ele primeiro.

Como sabe, a vida não consiste somente em pequenos problemas. Todos nós enfrentamos dificuldades enquanto vivemos e, às vezes, é melhor invocar determinado anjo ou arcanjo quando você passa por um grande problema.

---

3. Harvey Humann, *The Many Faces of Angels* (Marina del Rey, CA: DeVorss and Company, 1986), p. 30.

Os arcanjos são muito mais poderosos do que os outros anjos. Quando eles aparecem para as pessoas, as primeiras palavras sempre são: "Não tenha medo". Isso porque a sua visão, no momento em que os arcanjos aparecem de forma inesperada, inspira medo e pavor. As vibrações e a energia dos arcanjos também são intensas. Daniel perdeu a consciência quando o arcanjo Gabriel apareceu para ele pela primeira vez (Daniel 8). Os arcanjos, portanto, diminuem regularmente suas vibrações antes de serem visíveis. Eles também aparecem sempre como pessoas e são apenas reconhecidos mais tarde pelo seu jeito de ser.

Na maioria das vezes, Rafael está envolvido com seu trabalho de cura em escala universal. No entanto, apesar de sua importância, ele ainda está disponível para ajudar você e eu quando precisamos. Caso seus problemas incluam honestidade, criatividade, educação, cura, viagem, integralidade ou harmonia, você deve pedir a ajuda e o conselho de Rafael. Este livro lhe mostrará como fazer exatamente isso.

Capítulo 1

Quem é Rafael?

*Rafael é responsável pela cura da terra e,
por intermédio dele... a terra provê um lar
para os homens, os quais Rafael também cura.*

O *Zohar*

O conceito de anjo da guarda era popular mesmo antes de Hermas ter escrito a respeito das experiências com seu pastor angelical, por volta de 150 d.C. Sua obra se chamava *The Shepherd of Hermas*. Todos nós temos um anjo da guarda. No entanto, a humanidade como um todo possui apenas um: Rafael. Os antigos cristãos acreditavam que Rafael aparecia para os pastores durante a noite, trazendo-lhes "boas notícias que serão de grande alegria para todas as pessoas".[4]

Rafael é conhecido como o "médico divino". Isso não é surpreendente, pois o nome "Rafael" significa "Deus cura" e ele sempre foi associado à cura dos problemas espirituais, emocionais e físicos. Há muitas lendas acerca de suas habilidades de cura. Diz-se, por exemplo, que ele curou Abraão depois da circuncisão. Curou também a bacia deslocada de Jacó, que lutara com um adversário malvado em Peniel.[5]

---

4. Anna Jameson, *Sacred and Legendary Art*, Volume 1 (Boston and New York: Houghton Mifflin and Company, 1895), p. 119.
5. Louis Ginzberg, *The Legends of the Jews*, Volume 1 (Philadelphia, PA: The Jewish Publication Society of America, 1954), p. 385.

Em Enoch 1:40, afirma-se que Rafael é "uma das quatro presenças que estão sentadas sobre todas as doenças e feridas dos filhos dos homens". Em Tobit (12:15), um dos livros em *Apocrypha*, o próprio Rafael responde à pergunta acerca de quem ele é. Ele disse: "Eu sou Rafael, um dos sete arcanjos sagrados, que apresentamos as preces dos santos, que assistimos na presença do Senhor".

Rafael e Tobit

A história de Tobit é fascinante. Ele foi um homem piedoso, honesto, justo e bom que ajudava aos outros com o melhor de sua habilidade. Tinha uma esposa chamada Ana e um filho chamado Tobias. A família prosperou durante muitos anos, mas Tobit foi ameaçado de morte por permanecer fiel a suas crenças religiosas e todos os seus bens foram tomados. Muitos judeus ficaram presos em Nínive e o rei Senaqueribe não deixava as pessoas enterrarem seus mortos. No entanto, junto com alguns corajosos, Tobit desafiou o rei e sepultou os corpos secretamente.

Em uma noite, aos 50 anos, Tobit ia jantar quando soube que outro corpo precisava ser enterrado. Ele saiu na mesma hora e desempenhou sua tarefa. Entretanto, como se sujara ao segurar o corpo, não voltou para casa e dormiu fora, ao lado de um muro em seu quintal. Deixou infelizmente o rosto descoberto. Durante a noite, as fezes dos pardais que permaneciam na parede caíram dentro de seus olhos, e, quando ele acordou, estava completamente cego. Ninguém foi capaz de curá-lo. Ana tinha de obter recursos para sustentar a família, pois Tobit não poderia trabalhar mais. Ele sentia-se envergonhado por isso.

Caiu em depressão e, por fim, oito anos mais tarde, fez uma oração ao céu pedindo para morrer. No mesmo momento, outra oração semelhante também chegou ao céu. Essa oração foi de Sara, a filha de Raguel. Seus sete maridos haviam sido mortos pelo demônio Asmodeus antes que qualquer dos casamentos pudesse ser consumado.⁶ Deus enviou Rafael para atender às orações de Tobit e Sara.

Enquanto esperava pela morte, Tobit começou a organizar seus negócios. Pediu que Tobias, seu único filho, viajasse para Média a fim de cobrar uma quantia em dinheiro emprestada a Gabael, um sócio local. Ademais, pediu que o filho arrumasse uma companhia para a viagem, visando à sua segurança, e falou que pagaria o homem pelo serviço. Levou um tempo para Tobias achar alguém. Essa pessoa foi um homem chamado Azarias, que disse ser parente distante de Tobit. Na verdade, Azarias era a forma humana de Rafael, mas Tobias não sabia. Desconhecendo quem era realmente Azarias, Tobit se despediu de seu filho dizendo: "Boa viagem! Deus esteja em vosso caminho, e que o seu anjo vos acompanhe". (Tobit 5:21)*

Tobias e Azarias partiram para Média. Eles acamparam à beira do rio Tigre na primeira noite. Quando Tobias se lavava no rio, um enorme peixe apareceu e quase o devorou. Rafael ordenou-lhe que o pegasse e Tobias assim o fez. Quando o animal não oferecia mais perigo em terra, Azarias pediu para Tobias tirar o coração, o fígado e o fel do peixe. Eles assaram e comeram o resto do peixe naquela noite.

Tobias ficou curioso em saber por que Azarias preservara o coração, o fígado e o fel do peixe. Azarias disse que uma fumaça produzida a partir do coração e do fígado exorcizaria maus espíritos, enquanto o fel restauraria a visão de um homem cego.

Eles continuaram com a viagem. Quando chegaram perto de Média, Azarias disse a Tobias que eles deveriam se hospedar na casa de Raguel. Azarias disse também que Tobias deveria se

---

6. Asmodeus é descrito como um "mau espírito" no Livro de Tobit (3:8). É considerado o mais perigoso de todos os demônios. Ademais, pensou-se que ele era o demônio da luxúria. Acreditou-se que ele tenha feito a bebida de Noé e inventado a música, a dança e os sonhos. Atualmente, é responsável por todas as casas de jogos no inferno. (Gustav Davidson, *A Dictionary of Angels*, pp. 57-58.)

*N.T.: Na obra original, a citação bíblica consta da seguinte forma — Tobias 5:16. A tradução correspondente a essa citação, de acordo com a Bíblia que utilizei, consta como Tobit 5:21. Talvez isso se dê com algumas Bíblias.

casar com Sara, a filha de Raguel. Compreensivelmente, Tobias se preocupou muito quando soube que os sete maridos de Sara morreram na noite de núpcias. Azarias lhe assegurou que tudo correria bem. Tudo que Tobias tinha de fazer era colocar um pedaço do coração e do fígado do peixe sobre o incenso para criar fumaça. O demônio deixaria Sara logo que cheirasse a fumaça e nunca mais voltaria.

Tudo seguiu de acordo com o plano. Ao cheirar a fumaça, o demônio Asmodeus fugiu para "as partes mais altas do Egito" e Rafael o prendeu. Todos ficaram felizes quando Tobias e Sara saíram do quarto de núpcias na manhã seguinte. Ninguém estava mais emocionado do que Raguel, o pai de Sara, que se levantara durante a noite e preparara uma sepultura para Tobias.

As celebrações de casamento duraram 14 dias e depois Tobias voltou para Nínive com Azarias e sua noiva Sara. Ana, a mãe de Tobias, pediu para o filho untar os olhos de Tobit com o fel do peixe. O fel causou formigamento nos olhos dele. Tobit os esfregou, a cegueira se dissolveu e sua visão foi restaurada milagrosamente. A família se alegrou bastante e ofereceu a Azarias metade do dinheiro trazido de Média.

Azarias contou que ele era Rafael. Tobit e Tobias ficaram aterrorizados, mas Rafael falou para não terem medo. Ele disse que recebera as orações de Tobit diretamente de Deus. Disse também para eles levarem vidas agradáveis e virtuosas, louvarem a Deus e escreverem o que acontecera. Tobit viveu até os 158 anos. Tobias e Sara desfrutaram de um casamento duradouro e feliz e tiveram seis filhos. É claro que Rafael continua seu ministério de cura.

Não é de se estranhar que a história de Tobit e Tobias se tornou tão popular. Ela nos diz que nunca estamos sozinhos, pois um parceiro angelical sempre nos acompanha, agindo como uma força de cura que nos possibilita ser melhores do que somos capazes. Ademais, essa história nos estimula a correr riscos e não temer o fracasso.

O Livro de Enoch*

Rafael aparece várias vezes em *O Livro de Enoch*. No Capítulo 9, versículo 1, Miguel, Sariel, Rafael e Gabriel olharam a Terra a partir do céu e viram que "estava repleta de ateísmo e violência". Essa é talvez a menção mais antiga dos quatro arcanjos.[7] O segundo anjo, Sariel, é chamado por esse nome três vezes em *O Livro de Enoch* (9:1; 10:1; 20:6). No entanto, em todas as outras principais listas dos arcanjos, Sariel é substituído por Uriel. Embora Sariel não seja outro nome para Uriel como em Enoch 20:2-6, ambos os arcanjos são mencionados. No versículo 5, diz-se que Rafael está "acima dos espíritos dos homens".

Os arcanjos estavam preocupados com o comportamento dos Vigilantes, que desempenham um papel fundamental em *Enoch 1*. Os Vigilantes eram anjos que cobiçavam mulheres. A descendência de sua união foi uma raça de gigantes conhecida como Nefilim. Os Vigilantes são referidos como "os filhos de Deus" na Bíblia (Jó 1:6). Eram liderados por Semhazah e Azazel. Os Vigilantes introduziram a guerra, os cosméticos, as joias, os feitiços mágicos e a Astrologia para os seres humanos, destruindo efetivamente a era da inocência.

Como era de se esperar, Deus chamou os anjos virtuosos para castigar os Vigilantes. Deus disse a Rafael: "Amarre Azazel pelas mãos e pelos pés, e jogue-o na escuridão; e faça uma abertura no deserto... e ali o deixe. E sobre ele coloque pedras duras e irregulares, e cubra-o com a escuridão, e deixe-o habitar ali para sempre, e cubra seu rosto de forma que ele não possa ver a luz" (Enoch 10:4-5). Miguel capturou Semhazah e os outros. Eles ficaram presos no submundo por setenta gerações. Gabriel fez com que os gigantes lutassem entre si até não sobrar ninguém.

---

*N.E.: *O Livro de Enoch — O Profeta* foi lançado no Brasil pela Madras Editora.
7. Matthew Black, *The Book of Enoch or 1 Enoch* (Leiden, Netherlands: E.J. Brill, 1985), p. 129.

Enoch testemunhou esses acontecimentos e rezou para Deus perdoar os Vigilantes. Deus, entretanto, decretou a permanência dos castigos. Depois disso, os arcanjos viajaram com Enoch pelos sete céus.

Rafael e Noé

Existe também a crença de que Rafael ajudou Noé a obter o conhecimento necessário para construir sua arca. De acordo com a lenda judaica, Rafael também deu a Noé um livro médico quando o dilúvio abrandara. Julgou-se que esse livro tenha sido o *Sefer Raziel, The Book of the Angel Raziel*.[8] Este é, sobretudo, um livro de feitiços que Adão teria recebido de Raziel. Infelizmente, o livro desaparecera e sua perda foi cogitada, até Rafael apresentá-lo a Noé.

Rafael e Salomão

Rafael também ajudou Salomão a construir o Grande Templo. Aparentemente, Salomão passava por dificuldades e rezava para Deus ajudá-lo. Deus deu a Rafael um anel especial para entregar a Salomão. O selo nesse anel mágico era um pentagrama, que é ainda uma das ferramentas mais importantes na magia cerimonial. Assim, muitas pessoas consideram que Rafael seja o anjo das ferramentas mágicas e dos milagres que elas podem criar. O pentagrama é um dos símbolos médicos mais antigos e isso talvez se deva à sua associação a Rafael.[9] O anel permitiu a Salomão comandar o trabalho de milhares de demônios como operários, a fim de que eles ajudassem no término da construção do templo.

---

8. *The Book of the Angel Raziel* foi escrito nos tempos medievais. Acredita-se que ele tenha sido escrito por Isaac, o Cego, ou por Eleazer of Worms.
9. Frederick G. Conybeare, "The Testament of Solomon". Artigo em *Jewish Quarterly Review 11 (1898)*, pp. 1-45. Para mais informações a respeito dos aspectos médicos do pentagrama, veja: Dr. J. Schouten, *The Pentagram as a Medical Symbol* (Nieuwkoop, Netherlands: De Graaf, 1968).

Muitos textos religiosos judaicos antigos sobreviveram durante milhares de anos. Esses textos são coletivamente chamados de *Pseudepigrapha*. Com frequência, diz-se que uma figura histórica famosa seja o autor. *O livro de Enoch* é um exemplo. Outro é *The Testament of Solomon* (O Testamento de Salomão), que foi escrito nos primeiros três séculos da Era Cristã.

Esse livro conta como um demônio chamado Ornias chupava o polegar de um pequeno garoto. O menino perdeu sua força e seu peso com isso. Salomão rezou pedindo por ajuda e Miguel trouxe um anel que lhe possibilitou capturar todos os demônios. Esse anel parece ser diferente do pentagrama que Rafael deu a Noé. Salomão o usou para capturar e interrogar Ornias. Então, Ornias invocou Belzebu, que também foi capturado pelo anel. Relutante, ele concordou em trazer todos os demônios imundos para Salomão, o qual fez perguntas ao enorme conjunto de demônios que apareceram. Ele soube de seus nomes, poderes, sinais astrológicos e também dos nomes dos anjos suficientemente fortes para derrotá-los. Entre esse grupo estava um demônio chamado Oropel, que tinha a habilidade de transmitir dores de garganta às pessoas. No entanto, ele fugiu quando o nome de Rafael foi mencionado.[10]

O Tanque em Betesda

Muitas pessoas pensam que Rafael é o anjo que entrou no tanque em Betesda. No *Evangelho segundo São João* 5:2-4, lemos:

"Há em Jerusalém um tanque junto à porta das Ovelhas chamado em hebraico Betesda, que possui cinco pórticos. Nesses pórticos jazia um grande número de enfermos, de cegos, de coxos e de paralíticos, que esperavam o movimento da água.

---

10. The Testament of Solomon está incluído em *The Old Testament Pseudepigrapha*, 2 volumes, editado por James H. Charlesworth (New York, NY: Doubleday and Company, 1983), pp. 1960-87.

Pois de tempos em tempos um anjo do Senhor descia ao tanque e a água se punha em movimento. E o primeiro que entrasse no tanque, depois da agitação da água, ficaria curado de qualquer doença que tivesse."

É muito provável que esse anjo seja Rafael. Afinal, seu nome significa "Deus cura" e ele é famoso por restaurar a visão de Tobit.

Rafael na Literatura

Rafael também aparece na literatura. Na obra *Paradise Lost* (Paraíso Perdido), de John Milton, Deus envia Rafael para avisar a Adão e Eva que eles não desobedeçam a Ele. Nesse poema épico, Rafael é representado como um ser amoroso, bondoso e generoso:

"O amável arcanjo
Rafael; o espírito sociável que viajou
com Tobias e assegurou
seu matrimônio com a donzela que se casou sete vezes".
(V: 220)

De acordo com Milton, Rafael desfrutou de uma longa conversa com Adão. Eles falaram a respeito de muitos assuntos, incluindo a vida no céu e na terra. Após discutirem acerca da recente guerra no céu e se existe vida após a morte, surgiu o tema do sexo. A obra *Paradise Lost* difere-se da maior parte dos contos do Jardim do Éden, pois Adão e Eva podem ter relações sexuais sempre que quiserem, apenas devem deixar em paz o fruto proibido da Árvore do Conhecimento. Naturalmente, Adão pergunta se os anjos têm relações sexuais. Rafael ficou com vergonha enquanto explicava que os anjos gostam de sexo espiritual:

"Desfrutamos
Em eminência e não encontramos obstáculo nenhum.
Em forma de membrana, junta ou membro, barreiras exclusivas.
Mais fácil que a união do ar, se os espíritos se abraçam,
Eles se misturam totalmente, união da pureza com o puro Desejo". (VIII: 623-628)

No fim da conversa, Rafael diz a Adão para ter cuidado com as artimanhas do demônio e ficar longe do fruto proibido. Infelizmente, seu conselho foi ignorado. No entanto, Adão abençoa Rafael antes de partir:

"Desde a tua partida,
Vai, convidado celestial, mensageiro do ar,
Enviado do Deus Poderoso que eu adoro!
Tua condescendência foi afável e digna para mim
e será honrada para sempre
com grata lembrança. Para a humanidade
sê bom e pacífico, e volta muitas vezes!" (VIII: 645)

A parte final da obra *Paradise Lost* conta como Adão e Eva andaram de mãos dadas, fora do Jardim do Éden. Apesar de seu fim aparentemente triste, John Milton pretendia que seu poema fosse algo positivo. O que Adão e Eva fizeram foi importante para buscarmos a nossa própria salvação. Se ainda vivêssemos no Jardim do Éden, não teríamos qualquer oportunidade de exercitar o livre-arbítrio.

Rafael na Arte

Rafael também foi uma figura popular na arte religiosa. Em geral, é representado como peregrino ou viajante, usando mantos casuais, calçando sandálias e portando um cajado. Tem sempre uma garrafa de água ou carteira presa ao cinto. Às vezes, principalmente quando é representado como anjo da guarda, ele traz uma espada. Com frequência, carrega um pequeno porta-joias ou um cofre contendo o encanto contra os maus espíritos que ele criou a partir do peixe que tentou devorar Tobias. Por causa da popularidade da história em *O Livro de Tobit*, Rafael é sempre mostrado com Tobias e Tobit.

Talvez não seja surpreendente que o célebre artista Rafael tenha pintado Rafael duas vezes. Em uma das suas obras mais famosas, o arcanjo Rafael aparece apresentando Tobias como uma criança à Virgem Maria, que tem o menino Jesus em seus braços. Tobias está segurando um pequeno peixe.

Outros artistas que pintaram Rafael incluem Botticelli, Ticiano, Claude Lorraine e Rembrandt. O último, em particular, pareceu fascinado com a história. Ele fez quatro pinturas de Tobias deixando seus pais; quatro de Tobias sendo levado por Rafael; uma de Tobias curando a cegueira de seu pai; e duas da partida de Rafael.[11]

Rafael, o Professor e Curandeiro

Rafael sempre foi associado à cura e ao ensino. Por ser um anjo de cura, é responsável pela integralidade, pela unidade e por todas as formas de cura, mental, emocional, espiritual e física. Ele pode curar relacionamentos entre duas pessoas tão facilmente quanto entre dois países. Sua tarefa é curar as feridas da humanidade. Ele une a cura e o ensino quando nos instrui em saber das feridas que nós mesmos causamos por meio das nossas próprias ações. Rafael possibilita que nos conectemos de novo com o amor divino. Ele nos ensina que sempre estamos cercados e envolvidos pelo amor, mesmo quando não temos consciência disso.

Ademais, Rafael possui outros papéis importantes. Ele fica no leste e rege o elemento Ar. Seu dia da semana é quarta-feira e seu planeta é Mercúrio.[12] Ele toma conta da criatividade e cuida

---

11. Anna Jameson, *Sacred and Legendary Art*, Volume 1, p. 122.
12. Há pelo menos mil anos as pessoas debatem a atribuição de Rafael a Mercúrio. Em algumas tradições, Miguel é atribuído a Mercúrio e Rafael, ao Sol. Em outras tradições, é o contrário. Isso se justifica pela existência dos dois principais sistemas da Cabala. A Cabala Judaica, datando da época de Moisés, foi transmitida ao longo dos anos em uma tradição oral. Na Bíblia, o arcanjo Miguel é nomeado o anjo de Israel (Daniel 12:1). Então, no sistema judaico, Miguel é colocado na posição preeminente do Sol, deixando Mercúrio para Rafael. A Cabala Alquímica usa o simbolismo desenhado dos mistérios esotéricos do Mediterrâneo. Seu anjo preeminente é o arcanjo Rafael, que pode ser relacionado ao deus grego Apolo, e foi obviamente associado à cura, ciência e educação. Portanto, em seu sistema, Rafael é ligado ao Sol, enquanto Miguel cuida de Mercúrio. Escolhi usar o sistema judaico mais antigo neste livro.

dos interesses dos jovens. Procura especialmente ajudar as pessoas a se desenvolverem espiritualmente e sempre auxilia os que estão contemplando uma peregrinação. É por isso que os artistas o representam sempre como um viajante, portando cajado e bebendo em um cabaço. É também o anjo patrono de vários aspectos da natureza. Nesse papel, é responsável pelo amanhecer, pelo conhecimento, pela ciência e pela viagem. Rafael e Ramiel são os dois anjos da compaixão. Rafael tem senso de humor e leva sorriso, luz e alegria para encontros de pessoas.

Embora Rafael não seja mencionado pelo nome no Novo Testamento, um Conselho da Igreja, em 745 d.C., aprovou a prática de invocar a ajuda de Rafael. Rafael tinha seu próprio dia festivo em 24 de outubro mas, quando o calendário da Igreja foi reformulado, em 1969, o dia foi transferido para 29 de setembro. Este era originalmente o dia festivo de Miguel e o de Gabriel era 24 de março. Hoje, o dia 29 de setembro é a Festa dos Arcanjos.

Bens Perdidos ou Roubados

Rafael ajuda muitas pessoas a recuperar objetos que foram perdidos ou roubados. Uma de minhas alunas perdeu o relógio. O objeto valia pouco, porém ela era muito apegada a ele porque fora deixado em testamento por sua avó. Na hora, Diane pensou que alguém devia tê-lo roubado, mas parecia improvável. Ela o procurou em sua casa e também em seu escritório no trabalho. Diane demorou para comprar outro, já que queria desesperadamente achar seu estimado relógio. Por fim, decidiu pedir auxílio a Rafael. Diane realizou um ritual antes de se deitar. Quando acordou, na manhã seguinte, lembrou-se do exato local onde estava o relógio.

Algumas semanas atrás, ela fora tomar um banho de piscina. Antes de entrar, Diane tirara seu relógio e o colocara no porta-luvas do carro para fins de segurança. Ela retornou à garagem e encontrou o relógio.

"Rafael deve ter posto esse pensamento em minha mente" contou-me Diane. "Não há outra explicação para eu despertar com aquele pensamento de manhã depois da minha comunicação com ele".

Aprendizado

Rafael tem um interesse particular pela ciência, mas auxilia qualquer pessoa com desejo de aprender. É o regente de Mercúrio, o planeta associado ao pensamento e ao aprendizado. Ele pode ajudar a assimilar o conhecimento e a aliviar o estresse e a tensão, sempre relacionados às provas. Nesse tipo de situação, Rafael pode ajudar você a se concentrar, a se lembrar das informações com tranquilidade e a expressar seus pensamentos de forma clara e exata.

Malcolm é um velho amigo meu da época escolar. Ele sempre se saía bem nos estudos, porém sofria bastante de estresse quando chegava o período de provas. Assim, seus dias na Universidade foram extremamente difíceis e me lembro como ele ficava desolado quando não obtinha sucesso em uma avaliação importante.

"Sei a matéria melhor do que qualquer pessoa", disse ele. "Minha mente apenas deu um branco durante a prova".

Ele resolveu tratar do problema. Depois de explorar muitas possibilidades, Malcolm decidiu pedir a ajuda de Rafael e comunicou-se com ele várias vezes. Ele foi um tanto cético em todo o processo, mas não pôde acreditar como foi capaz de responder sem esforço às perguntas na prova seguinte.

"Não tive estresse sob qualquer condição", afirmou. "Na verdade, pensei que algo estava errado. Sentei-me e respondi a todas as perguntas. Estava tão tranquilo que me sentia em casa."

Integralidade

Rafael pode ajudar a restaurar o equilíbrio e a harmonia para sua vida. Você deve pedir auxílio a ele quando algo maior sai errado em sua vida. Perder um emprego ou terminar um relacionamento amoroso são bons exemplos. Se seu corpo espiritual, emocional, mental e físico não se sentirem conectados, peça ajuda a Rafael para restaurar a harmonia e o equilíbrio. De forma semelhante, se sentir que perdeu contato com o seu lado espiritual, invoque Rafael.

Encontrei Donald pela primeira vez quando ele frequentava uma de minhas aulas de desenvolvimento psíquico. Era óbvio que carregava uma grande tristeza, mas Donald pôde colocar isso de lado durante as aulas e provou ser um excelente aluno. Gradualmente, com o decorrer das semanas, ele me contou como fora vítima de uma fraude em seu investimento e, por isso, perdera a fé em Deus e na humanidade. Tudo isso acontecera mais ou menos um ano antes de encontrá-lo e ele usara esse tempo para explorar várias tradições religiosas em uma tentativa de recuperar sua fé. Infelizmente, isso fez com que Donald fosse até mais cético.

Portanto, Donald não se impressionou quando sugeri que entrasse em contato com Rafael e pedisse para ter a sua integralidade de novo. Na verdade, isso aconteceu algumas semanas antes de ele começar a pensar com seriedade em fazê-lo. Em uma manhã de domingo, ele pediu a ajuda de Rafael. Os resultados foram admiráveis e claramente perceptíveis a todos da classe. Donald parecia ser pelo menos dez anos mais novo aos 50 anos. Sua leve corcunda também havia desaparecido. Era como se um peso tivesse sido tirado de seus ombros. Um sorriso permaneceu nos lábios o tempo todo em que ele nos contava acerca de sua experiência e como Rafael somente levara toda a bagagem que Donald carregava.

"Eu andava por uma estrada principal em direção a um parque", contou-nos. "Tive uma vaga ideia de que talvez me sentaria debaixo de uma árvore e pediria a ajuda de Rafael. No entanto, parece que não podia esperar muito por isso. Andava pela estrada pensando no que poderia dizer a Rafael, quando, de repente, soube que ele estava comigo. Não realizei exercícios ou rituais. Tudo o que fiz

foi pensar em Rafael e ele veio. Quando chegamos ao parque, todos os meus problemas pareciam insignificantes".
Ele sorriu ao se lembrar.
— Eu me sinto melhor agora do que aos 20 anos. Foi uma cura milagrosa. Em um minuto, estava sofrendo e zangado com tudo e com todos. No momento seguinte, estava calmo, livre e em paz. Sinto como se minha vida estivesse apenas começando.

Cura

Rafael quer auxiliar em todas as formas de cura e pode ajudar a restaurar seu corpo, sua alma e sua mente. Ele também pode curar as pessoas das quais você cuida. Feridas do passado são uma especialidade dele. Se possuir esse tipo de dor, peça ajuda a Rafael. A associação de Rafael ao elemento Ar também é útil sob esse aspecto. Respirar é essencial para a vida e Rafael está tão perto de nós quanto o nosso próximo influxo de respiração. Deixe as energias de cura dele virem até você enquanto respira. Caso você trabalhe em áreas de saúde de qualquer especialidade, pode invocar Rafael para ajudar na recuperação da saúde dos pacientes. Ademais, Rafael pode curar relacionamentos rompidos.

Henrietta é uma assistente social que passa a vida ajudando mulheres vítimas de abuso sexual e seus filhos frequentemente traumatizados. Quando ela sucumbiu a uma doença misteriosa que desafiava o diagnóstico, os médicos atribuíam o mal a um estresse criado pelo seu trabalho. Henrietta era apaixonada pelo que fazia e sentiu que, embora ficasse estressada de vez em quando, isso não era o suficiente para forçá-la a ficar de cama durante dias. Ela leu vários livros a respeito de anjos e decidiu pedir a ajuda de Rafael para curá-la.

"Não sabia dos procedimentos corretos", disse-me. "Então, tudo que fiz foi fechar meus olhos e pedir ajuda a Rafael. Pode ser que eu tenha me expressado mal, mas Rafael pôde obviamente sentir que eu precisava de auxílio. Eu lhe disse como o trabalho era importante para mim e que não pude fazê-lo quando fiquei doente. Pedi que ele me ajudasse a curar as pessoas com quem trabalho. E pedi por minha cura. Senti uma paz surpreendente e soube que ele estava cuidando de mim. Soube que tudo transcorreria bem. Depois que ele saiu, dormi por 12 horas. Quando acordei, estava completamente curada e não tive mais problemas de saúde".

Cura Emocional

Natasha tinha muitos problemas quando a encontrei pela primeira vez. Seu marido acabara de morrer após trinta anos de casamento e ela estava afastada de seus dois filhos adultos. Natasha veio me ver, pois se sentia culpada em estar feliz com o fim de seu matrimônio.

"É claro que eu não teria desejado a morte de Tom", contou-me ela. "Mas ele era um homem insensível. Tom colocava todos para baixo, principalmente a mim. Durante anos, mal arrisquei uma opinião a respeito de algo, pois sabia que ele discordaria de mim e usaria isso como uma oportunidade para ridicularizar-me. Eu me tornei um ratinho quieto, calmo e manso que corria atrás dele, tentando tornar sua vida a mais tranquila possível. Deve ter sido bom para ele, mas foi um inferno para mim. Eu me sentia sem valor e esses sentimentos cresceram quando comecei a ter maus pensamentos acerca dele. E agora ele está morto. Não estou feliz, pois agora eu me sinto culpada por estar alegre".

Natasha ficou agachada na cadeira e mal levantou os olhos do chão enquanto me falava de seu triste casamento. Seu marido fora insensível tanto com os filhos quanto com ela e eles saíram de casa assim que puderam. Não tiveram respeito por sua mãe quando sentiam que ela os decepcionava por não defendê-los e a si mesma.

"Então, agora estou sozinha. Tenho 52 anos, mas não sinto que vivi tudo isso. Eu me sinto muito culpada e estou cheia de arrependimentos. Estou envergonhada por ter deixado ser reduzida a nada. Você acha que é muito tarde para eu recomeçar"?

É claro que nunca é tarde para recomeçar. Sugeri que ela escrevesse uma carta a Rafael, contando tudo o que me relatara e pedindo que a libertasse de toda dor, mágoa e sofrimento. Natasha achou muito benéfico o fato de colocar seus pensamentos no papel e estabeleceu rapidamente um elo próximo com Rafael. Levou quase seis meses antes de sentir que estava totalmente curada.

"De imediato, comecei a me sentir melhor", afirmou ela. "Mas continuei encontrando cada vez mais bloqueios emocionais. Alguns deles estavam tão escondidos que eu mesma não sabia da sua presença. Rafael foi gentil e paciente. Ele me disse que levaria tempo. Rafael estava certo e estou feliz que não aconteceu tudo de uma vez, pois gostei do processo. Aprendi muito a respeito de mim mesma e agora estou prestes a recomeçar a vida".

Natasha arrumou um emprego, retomou o contato com sua filha e até teve alguns encontros.

"No momento, não quero me casar de novo", disse ela. "Mas, quem sabe? Se a pessoa certa vier e Rafael aprová-lo, acho que o faria".

Vícios

Em meu trabalho como hipnoterapeuta, vejo muitas pessoas com problemas de vício, tais como drogas, álcool e jogo. Na maior parte das vezes, tudo o que se pede é hipnose, mas de vez em quando, precisamos pedir ajuda a Rafael.

Um bom exemplo disso foi um homem que veio me ver por causa de seu problema com bebida. Len alegou que não era alcoólatra, mas bebia duas garrafas de vinho tinto barato todas as noites. Recentemente, ele começara a beber mais e sentiu que era hora de agir. Len possuía boas razões para parar e pensei que poucas sessões de hipnose o curariam. No entanto, para minha surpresa, elas não fizeram diferença. Como o fato não é usual, sabia que era um caso para Rafael.

Eu não falara a respeito de anjos para Len antes e não tinha certeza de como reagiria. Felizmente, ele queria fazer alguma coisa, então eu o apresentei a Rafael durante a sessão.

Uma vez que ele foi hipnotizado, fiz Len visualizar sua vida hoje e continuar vendo o que seria daqui a um ano se ele permanecesse exatamente da mesma maneira. Fiz com que olhasse o futuro mais algumas vezes e depois trouxe-o de volta para o presente.

Pedi para Len visualizar Rafael em sua mente. Eu não dera sugestões de como ele deveria imaginá-lo, pois é melhor deixar as pessoas criarem suas próprias imagens. Depois, descobri que Len visualizou Rafael como um homem baixo e magro de quase trinta anos com barba cerrada. Rafael usava um agasalho esportivo moderno e tênis de corrida e parecia gozar de ótima saúde. Essa imagem é completamente diferente da maneira como vejo Rafael e mostra como a criação das imagens do arcanjo por parte das pessoas é importante.

Dado que ele poderia ver Rafael claramente, fiz Len visualizar sua vida daqui a um ano se ele aceitasse a ajuda de Rafael. Depois progredimos dois e cinco anos adiante, então ele pôde ver o que seu futuro seria nesses períodos.

Quando Len saiu da hipnose, estava em êxtase. Tinha uma imagem clara de Rafael na mente e ficou feliz em descobrir como Rafael era receptivo e amigável. As diferenças entre os dois cenários possíveis de futuro convenceram Len a invocar Rafael quando ele sentiu que precisava de ajuda para seu problema.

Len não necessitou de outra sessão. Durante os doze meses seguintes, telefonou-me várias vezes para eu saber como estava tocando sua vida. Com a ajuda de Rafael, superou o vício do álcool e desfrutava de uma vida saudável e feliz. Sua intensa vontade de beber tinha ido embora completamente.

Conheço muitas pessoas como Henrietta, Natasha e Len auxiliadas por Rafael. Ele também quer ajudar você. Tudo que precisa fazer é pedir. No próximo capítulo, trataremos de alguns métodos que você pode usar para contatar Rafael.

Capítulo 2

Cinco Maneiras de Entrar em Contato com Rafael

Assim como todos os outros arcanjos, Rafael é muito receptivo. Ele ficará feliz em se comunicar com você e em o ajudar de qualquer maneira possível. Se a necessidade for urgente, você pode simplesmente invocá-lo e ele estará disponível na mesma hora a fim de prestar auxílio. Na maioria das vezes, é melhor se preparar para o encontro e conduzir um ritual, pois isso enfatiza como o encontro é especial e sagrado.

É importante separar o encontro da sua vida normal e cotidiana. Não é uma boa ideia, por exemplo, voltar correndo do trabalho para casa e invocar Rafael imediatamente para uma conversa. É melhor chegar em casa, relaxar e espairecer em um primeiro instante. Mais tarde, à noite, você pode fazer exercícios ou meditar e tomar um banho ou uma ducha relaxante, antes de invocar Rafael. Se quiser, desfrute de um banho perfumado ou de espuma. Tudo isso retira qualquer estresse criado durante o dia e significa que você está renovado e revigorado. Ademais, você ganha tempo para pensar nos diferentes assuntos que quer discutir com Rafael. Pode ser que você queira fazer algumas anotações ou talvez escrever uma carta a Rafael.

Você precisará de algum lugar para conversar com ele. Você pode ter um local sagrado ou provavelmente um altar em casa. Esses lugares são ideais. No entanto, se não tiver uma área designada, escolha uma sala ou um local para realizar os rituais. Caso seja possível, use o mesmo lugar todas as vezes em que contatar o reino angelical. Tenha certeza de que esse lugar está aquecido, confortável e convidativo.

Você precisará de um altar para trabalhar. Não há necessidade de ser elaborado — ele pode ser tão simples quanto uma caixa virada para cima ou mesa de jogo. Arrume o altar para que você olhe na direção de Rafael (leste) enquanto o utiliza. Você pode exibir algo que deseje em seu altar. Pode ser que queira ter objetos relacionados aos quatro elementos: uma vela para o elemento Fogo; sal para o elemento Terra; incenso para o elemento Ar; e água para o elemento Água. Se você estiver realizando um ritual de cura para alguém, exiba uma fotografia dessa pessoa no altar. Ou poderia escrever o nome dele(a) em um pedaço de papel e deixá-lo sobre seu altar. Coloque qualquer coisa em seu altar que seja espiritual ou sagrada para você.

Uma amiga minha cria um círculo de cartas de Tarô e conduz seus rituais dentro do círculo. Às vezes, ela usa apenas um punhado de cartas especialmente escolhidas, enquanto, em outras ocasiões, utiliza todo o baralho. Outra amiga coloca cristais em lugares estratégicos na sua sala. Os cristais favoritos de Rafael serão abordados no Capítulo 8. No entanto, você pode usar quaisquer cristais de seu agrado.

Você pode criar um círculo de várias maneiras. Algumas pessoas usam giz para desenhar ou fazem um círculo utilizando fita ou selecionam vários objetos. Gosto de usar um pequeno tapete redondo. Muitas pessoas imaginam mentalmente um círculo em que trabalham. Fica a seu critério. Você notará seu círculo, cuja circunferência retém e controla a energia mágica que você cria, ganhando muito mais energia e poder cada vez que o usar.

Você pode querer acender algumas velas. Use cores que o atraiam. Lembre-se de que Rafael tem boa receptividade às cores amarela, dourada, violeta, rosa e verde. Pode ser também que queira usar vela branca para simbolizar a si mesmo ou uma pessoa envolvida no ritual. Caso deseje, você pode cobrir seu altar com um manto. Verde é uma boa cor para se escolher, pois simboliza cura e Rafael. No entanto, pode usar qualquer cor de seu agrado. A parte mais importante ao arrumar seu lugar sagrado é que ele encante você.

Muitas pessoas usam incenso e música nos rituais. Às vezes, utilizo incenso, mas acho que música distrai muito. Mais uma vez, é uma questão de preferência pessoal. Se você usar música, escolha-a de modo cuidadoso e assegure-se de que ela seja apropriada para o que está fazendo. Você não vai querer cantar com os lábios fechados enquanto realiza o ritual. Muitas pessoas gostam de usar sinos ou tigelas cantantes ao conduzirem os rituais. Você deveria utilizá-los, se sentir que eles tornarão o ritual mais agradável.

Você pode necessitar de uma bússola para determinar os quatro pontos cardeais. Invocará os quatro arcanjos e precisará saber as direções corretas para olhar enquanto o faz. Um artista amigo meu desenha Miguel, Gabriel, Rafael e Uriel e coloca esses arcanjos nas posições adequadas antes de começar a se comunicar com eles.*

Pense também no que gostaria de vestir. Você pode querer realizar o ritual sem roupas. Se preferir usá-las, escolha peças confortáveis e largas. Um manto usado apenas para essas ocasiões ajuda a criar o clima adequado. Um manto verde ou rosa escuro seria ideal.

Iniciando o Ritual

Agora você está pronto para começar. O lugar sagrado está preparado, você tomou banho e pensou em sua necessidade de entrar em contato com Rafael. Se quiser, você pode ir ao centro do lugar sagrado e começar imediatamente. Prefiro enfatizar esse ponto, pois uma entrada adequada acrescenta certa solenidade à ocasião e demonstra que você leva o momento a sério.

---

*N.E.: Sugerimos a leitura de *Comunicando-se com São Miguel Arcanjo*, de Richard Webster, Madras Editora.

Um método que considero benéfico para entrar no estado correto de meditação é fazer uma curta oração ou invocação, antes de adentrar o círculo. Poderia ser, por exemplo, o Pai-Nosso, ou algumas palavras que você escreveu. Acho, em particular, a famosa oração de São Francisco útil:

> Senhor, fazei de mim um instrumento de vossa paz
> Onde há ódio, que eu leve o amor
> Onde há ofensa, que eu leve o perdão
> Onde há dúvida, que eu leve a fé
> Onde há desespero, que eu leve a esperança
> Onde há trevas, que eu leve a luz
> Onde há tristeza, que eu leve a alegria
> Ó Mestre, que eu não busque tanto
> Ser consolado, mas consolar
> Ser compreendido, mas compreender
> Ser amado, mas amar
> Porque é dando que se recebe
> É esquecendo que se encontra
> E é morrendo que se ressuscita para a vida eterna.
>
> São Francisco de Assis (1182-1226)

O que você escolhe dizer é inteiramente a seu critério. Depois de aquietar sua mente dessa maneira, entre no círculo. Você pode andar em volta dele no sentido horário três vezes antes de entrar. Isso define claramente o círculo mágico no qual trabalhará.

Uma vez que esteja dentro do círculo, olhe para seu altar, o que significa que você mirará para o leste. Agora, você vai invocar os quatro grandes arcanjos. Cada um deles é responsável por um dos quatro cantos do Universo. Rafael está ao leste e é o arcanjo do Ar. Miguel está ao sul e é o arcanjo do Fogo. Gabriel a oeste, é o arcanjo da Água. Uriel está ao norte e é o arcanjo da Terra.

Estenda os braços e diga:

"Rafael, Grande Guardião do Leste, proteja-me e guie-me durante este ritual, por favor. No passado, sempre tomei sua ajuda divina por certa, mas quero que você saiba que estou agradecido por tudo o que já fez por mim."

Continue com os braços estendidos e volte-se para o sul. Desta vez, dirija-se a Miguel:

"Miguel, Grande Guardião do Sul, proteja-me e guie-me durante este ritual, por favor. No passado, sempre tomei sua ajuda divina por certa, mas quero que você saiba que estou agradecido por dar-me coragem, força e capacidade de falar a verdade."

Ainda com os braços esticados, volte-se para o oeste e fale com Gabriel:

"Gabriel, Grande Guardião do Oeste, proteja-me e guie-me durante este ritual, por favor. No passado, sempre tomei sua ajuda divina por certa, mas quero que você saiba que estou agradecido por toda sua orientação, inspiração e purificação."

Agora se volte para o norte e fale com Uriel:

"Uriel, Grande Guardião do Norte, proteja-me e guie-me durante este ritual, por favor. No passado, sempre tomei sua ajuda divina por certa, mas quero que você saiba que estou agradecido por fornecer-me tranquilidade, paz mental e capacidade de dar e receber."

Sente-se ou ajoelhe-se em frente ao seu altar. Feche os olhos e visualize-se cercado pelo amor e pela proteção dos quatro arcanjos. Perceba que pode desfrutar desses sentimentos de amor e de segurança a qualquer momento que desejar.

Agora é hora de conversar com Rafael. Comece expondo sua intenção. Algumas pessoas gostam de expressá-la de maneira formal, mas, se quiser, você pode ser razoavelmente informal. Apenas trate Rafael e os outros arcanjos com o respeito que eles merecem.

Vamos supor que você esteja pedindo para Rafael ajudar Brenda. Ela está prestes a ir ao hospital para ser operada. Nessa ocasião, você poderia exprimir sua intenção desta maneira: "Arcanjo Rafael, anjo da cura, estou invocando você a fim de dar ajuda especial e cura para minha amiga, Brenda. Amanhã, ela vai ao hospital para ser operada. Estou preocupado com ela e peço que a ajude como puder. Obrigado".

Depois de dizer isso, pare e espere por uma resposta. Você pode sentir que tudo transcorrerá para o melhor. Pode ser que sinta a companhia de Rafael, cercando-o de amor e de energia curativa. Qualquer resposta recebida trará paz e tranquilidade para sua mente.

Uma vez que atinja essa etapa, continue conversando com Rafael. Você pode optar por falar em voz alta ou não e as respostas aparecerão como pensamentos em sua mente. Prossiga com a conversa pelo tempo que quiser. Quando terminar, agradeça a Rafael mais uma vez.

Levante-se com os braços esticados e agradeça a cada arcanjo mais uma vez, começando com Uriel ao norte, seguido por Gabriel, Miguel e Rafael. Apague as velas que por acaso usou e saia do círculo.

É possível que você tenha sucesso e consiga um elo próximo com Rafael na primeira vez em que realizar esse ritual. No entanto, é mais provável que alcance resultados misturados. Você pode não ter certeza de que se comunicou com Rafael e sentido o conforto e a segurança de ser cercado pelos quatro arcanjos. Não se preocupe se esse for o caso, pois o elo aumentará todas as vezes em que fizer o ritual. Afinal, se você atingiu essa etapa na vida sem se comunicar com um dos arcanjos, uma ou duas semanas a mais não farão muita diferença.

Uma de minhas alunas realizou esse ritual a fim de enviar cura para sua avó. Ela estava aborrecida pela aparente falta de sucesso.

— Como está a sua avó? — perguntei.

— Ela está muito melhor, obrigada — minha aluna respondeu.
Depois, continuou falando:
— Você não acha que realmente falei com Rafael, acha? Às vezes, os anjos trabalham de maneiras misteriosas e seu pedido para Rafael pode ter tido efeito, embora ela não estivesse ciente de que estabelecera a ligação.
— Parece um pouco com uma oração, não é? — perguntou ela.
— Quando rezo, não espero ouvir ou sentir algo, mas espero ter um resultado bem-sucedido.

Ela saiu da sala naquela noite com confiança renovada e agora se comunica com Rafael sempre. Portanto, não há necessidade de sentir desestímulo caso leve mais tempo do que você pensa. Toda comunicação que você faz ao reino angelical será ouvida e, às vezes, você terá de se lembrar disso, principalmente quando não recebe resposta imediata. Você deve ser paciente e confiar que os anjos estão trabalhando a seu favor.

Esse primeiro exercício é útil, pois ativa seu círculo mágico e põe você em contato com os quatro arcanjos. Pode ser muito benéfico, pois, às vezes, fará um pedido para um arcanjo e um dos outros lhe oferecerá ajuda para alcançá-lo. Além disso, esse ritual pode restaurar sua alma e encher você de confiança ilimitada. Afinal, se tiver quatro arcanjos trabalhando com você pode conseguir qualquer coisa.

Respiração de Cor

Haverá momentos em que que você poderá estar muito ocupado para fazer o ritual do círculo mágico ou longe de casa e inapto para fazê-lo em seu lugar sagrado. Você pode realizá-lo em qualquer local, mas devo admitir que prefiro fazê-lo no mesmo lugar todas as vezes.

A técnica de respiração de cor é um método útil que pode ser feito em qualquer lugar. Sente-se confortavelmente e feche os olhos. Visualize-se cercado por uma bonita luz branca. Deixe-a mudar aos poucos para um ouro perfeito e puro. Quando você sentir isso de modo nítido, respire fundo e inale o máximo que puder da bela energia dourada. Segure a respiração por alguns segundos e solte-a devagar. Respire fundo a energia dourada duas vezes e depois deixe o ouro se transformar gradualmente no verde mais bonito que você já viu. Uma vez que essa cor esteja clara em sua mente, respire fundo a energia verde refrescante três vezes, retendo o ar por alguns segundos antes de soltá-lo. Depois disso, deixe o verde mudar para a pura luz branca inicial.

Como se sabe, o ouro e o verde são as duas cores de Rafael. Você agora está repleto da energia dele. Desfrute do sentimento das energias verde e dourada dentro de todas as células do seu corpo e depois peça a companhia de Rafael.

Não há necessidade de ficar preocupado se ele virá ou não. Com certeza, ele atenderá ao chamado e você saberá disso por uma mudança sutil nas energias ao seu redor. Sentirá, de repente, a companhia de Rafael. Você pode receber alguns pensamentos dele ou até ouvir uma voz no seu ouvido. Quando o arcanjo chegar, continue pedindo qualquer coisa que quiser.

Ritual do Desenho

Você já rabiscou enquanto esperava falar com alguém pelo telefone? Rabiscos são desenhos, figuras e modelos que criamos enquanto nossa mente está enfocando algo. Em uma convenção a que fui há muitos anos, uma pessoa sentada ao meu lado fez um desenho bonito, muito detalhado, em uma página inteira do bloco de anotações. Ele não o criara conscientemente. Seu subconsciente o produziu enquanto ele ouvia o palestrante. O desenho era tão bonito que perguntei se eu poderia tê-lo. Ele se alegrou em me dar o desenho e não entendeu por que eu o quis.

Rabiscar é uma forma de escrita automática. Essa é a escrita que se produz quando você segura uma caneta sobre um pedaço de papel e depois ignora o fato enquanto vê televisão ou desfruta de uma conversa. Tornar-se bom nisso virá com a prática, mas vale a

pena aprender como a escrita automática dá acesso ao seu subconsciente.
É improvável que você escreva palavras com esse ritual, mas isso acontece. Vários alunos meus escreveram uma ou duas linhas de texto para acompanhar seus desenhos.
Comece escrevendo suas razões para contatar Rafael. Pode ser que você queira cura para si mesmo ou para alguém. Talvez sinta-se emocionalmente enfraquecido ou bloqueado de alguma maneira. Acho benéfico escrever meus sentimentos em uma carta, pois sempre aparecem muito mais detalhes enquanto eu a redijo.

Uma vez que saiba de modo exato o que pedir na sessão, sente-se de forma tranquila, com um bloco de papel e uma caneta na mão. Pense no seu propósito em contatar Rafael ao rabiscar no bloco de papel. Você talvez ache que está concentrado no desenho por algum tempo, enquanto, em outros momentos, o pensamento está focado no desejo; você poderá também pensar em assuntos que não estão relacionados com sua intenção. Isso é ótimo. Não há necessidade de se repreender caso note, de repente, que você está pensando em algo completamente diferente, tal como uma tarefa que você precisa fazer no trabalho durante a manhã.

Continue rabiscando até sentir que terminou. Você poderá presenciar Rafael dizendo que o contato acabou ou somente sentir que é a hora de parar.

Quando parar, levante-se, espreguice-se e dê voltas por alguns minutos. Por alguma razão, esse ritual me causa sede, então sempre bebo um copo de água depois de rabiscar. Deixe passar vários minutos antes de examinar o que fez. Você ficará surpreso ao descobrir uma resposta nítida para o pedido ou algumas imagens que lhe dizem qual caminho seguir. Você também pode ver desenhos que parecem não ter relação com nada. Esse pode ser o caso, mas não deve descartá-los na mesma hora. Rafael pode bem estar falando com você por meio do rabisco. Deixe o rabisco de lado por 24 horas e depois o olhe de novo. Pode ser que você se surpreenda em encontrar coisas que estavam na sua cara e você nem notava antes.

Fique ciente do significado de seus desenhos.[13] Círculos, por exemplo, simbolizam integralidade e harmonia. Se o rabisco abranger muitos círculos distintos, é uma indicação de que precisa de espaço e de liberdade para crescer e se desenvolver. Quadrados simbolizam estabilidade e segurança. Se seu rabisco tiver quadrados, é um sinal de que você está pronto para criar uma base e depois se apoiar nela. Os triângulos são interessantes, pois indicam visões e supremo sucesso. Mostram que você deveria seguir seus sonhos. Seu rabisco talvez abranja muitas cruzes. No entanto, elas são interpretadas simbolicamente apenas quando ficam sozinhas, em vez de ser parte integral de um desenho maior. Cruzes significam relacionamentos, cooperação e ligações com outras pessoas. Estrelas de cinco pontas são um indício de que você está sendo protegido e zelado. Embora você possa não saber disso, Rafael está prestando atenção em você. Espirais indicam criatividade, evolução e crescimento. Elas mostram que você está abandonando atitudes antiquadas e crenças ocultas e que está começando a tocar o barco para a frente.

Se quiser desenvolver uma das características acima, você pode dar início ao seu rabisco desenhando conscientemente o símbolo relevante. Se, por exemplo, estivesse procurando um pretendente, você daria início ao rabisco desenhando conscientemente uma cruz. Entretanto, na maior parte das vezes, você não deve prestar atenção conscientemente ao que está desenhando, pois não quer que sua mente ignore os discernimentos valiosos que Rafael pode colocar nos seus rabiscos.

Vale a pena guardar os rabiscos, já que eles fornecem um registro de seus contatos com Rafael. Classifico meus rabiscos por datas e os guardo em uma pasta. Esses rabiscos são pessoais. É provável que você fique surpreso com o que produz. Então, guardo

---

13. Pode ser que você pense em comprar um livro de símbolos para ajudar na interpretação de seus rabiscos. Há muitos para escolher. Em particular, um que considero útil e acessível é: *Dictionary of Symbols: An Illustrated Guide to Traditional Images, Icons and Emblems,* Jack Tresidder (San Francisco, CA: Chronicle Books, 1998).

meus rabiscos para o meu próprio bem e não os deixo em qualquer lugar para que outras pessoas os vejam.

Ritual do Vento

Rafael é associado ao elemento Ar. Portanto, você pode contatar Rafael a qualquer momento que quiser usando várias técnicas de respiração. Esse próximo método é um que aprendi por acaso. Sempre gostei de caminhar, principalmente no campo. É uma boa forma de exercício que permite com que eu encha os pulmões de ar puro, enquanto desfruto de estar em comunhão com a natureza. Esse exercício me mantém fora de casa, e longe do telefone e de outras distrações. Ademais, é um bom momento para entrar em contato com os reinos angelicais.

Um dia, fiz uma longa caminhada e fui parar no topo de um penhasco. Era um dia de chuva e ventania e as ondas reviravam na praia. Estendi meus braços e respirei fundo o vento forte, sem pensar na chuva que atingia meu rosto. O vento e a chuva fizeram com que eu me sentisse alegre. Veio-me à mente que, como Rafael era associado ao elemento Ar, poderia ser uma boa ocasião para comunicar-me com ele. Não havia ninguém, então eu disse uma mensagem em voz alta para Rafael:

"Arcanjo Rafael, chefe do Ar, obrigado por me dar uma pequena prova de seu poder. Quero que você saiba como aprecio seu árduo trabalho em meu favor. Obrigado pela integralidade e harmonia trazidas para minha vida. Obrigado pelos seus dons de criatividade, fartura e cura. Obrigado por todo o bom trabalho que você está fazendo pelo mundo."

Quando terminei de falar em voz alta, soube que Rafael estava comigo. Não pude vê-lo ou ouvi-lo, mas senti sua presença. Não me lembro de mais detalhes do que disse em voz alta para o vento naquela tarde, porém voltei para casa sentindo-me alegre, empolgado, feliz e cheio de energia.

A primeira vez que fiz isso foi por acaso, mas agora procuro lugares distantes em que vente bastante. Neles, posso comunicar-me com Rafael. O processo não poderia ser mais simples. Encontre um local adequado, com vento, onde não será interrompido e faça seu pedido em voz alta. Devo confessar que agora evito tempo fechado, pois faz sentido impedir qualquer possibilidade de perigo.

O único requisito físico é uma brisa de qualquer tipo para representar Rafael. Se você não puder encontrar algum lugar em que estará sozinho, fique em um local adequado e fale mentalmente para Rafael o que quer dizer. Isso também funcionará. Eu me comuniquei com ele no topo de uma montanha, cercado por ônibus cheios de turistas, que estavam ali para ver a paisagem. Se um deles prestasse a mínima atenção em mim, ele teria admitido que eu também estava fitando a paisagem.

Ritual de Visualização

Se você tiver uma boa imaginação, achará bom esse método de contatar Rafael. Sente-se ou deite-se de forma confortável, com os braços e as pernas descruzadas. Feche os olhos e respire fundo e devagar várias vezes enquanto relaxa conscientemente os músculos de seu corpo.

Quando se sentir plenamente relaxado, visualize-se no lugar mais bonito que possa imaginar. Você poderia escolher um local que visitou antes ou criar uma imagem bonita em sua mente. Não faz diferença, desde que se sinta totalmente relaxado.

Veja-se nesse cenário bonito e depois visualize um círculo de pura luz branca descendo dos céus. Essa luz cerca você em seu brilho protetor. Você se sente seguro, feliz e em paz.

Agora, visualize Rafael vindo até você. Você pode imaginá-lo da maneira que quiser. Pode ser que o veja como um jovem saudável e viril, vestido de amarelo ou dourado, usando um chapéu e carregando um caduceu. Na mitologia, um caduceu é o bastão carregado por Mercúrio, o mensageiro dos deuses. Talvez ele segure um frasco de remédio em sua mão disponível. Pode ser que você o veja como um viajante portando cajado e garrafa de água, ou você o imagine como ele apareceu para Tobit, com um pequeno porta-joias que continha o "encanto do peixe" contra os maus espíritos (Tobit vi 6-7). Talvez você o veja como um anjo poderoso com mais de 2 metros de altura, com enormes asas. Ou pode ser que o veja com seis asas: duas nas têmporas, duas nos ombros e duas nos tornozelos. Você pode optar por não vê-lo como pessoa, mas como uma bola de luz dourada ou amarela.

Imagine-se levantando para cumprimentá-lo. Pode ser que dê as mãos para Rafael ou que ele abrace você. Imagine vocês caminhando juntos e discutindo tudo o que está em sua mente. Pode ser que vocês se sentem para admirar uma cena bonita enquanto continuam a conversa. Visualize a despedida de vocês. Vocês são bons amigos agora e a partida é afetuosa. Imagine-se na cena bonita após a saída de Rafael e depois volte devagar para o mundo normal e cotidiano. Abra os olhos, espreguice-se e pense em sua visualização por alguns minutos antes de se levantar.

Quando se levantar, você deverá ter pelo menos uma pergunta a respeito da experiência. Você criou tudo em sua imaginação ou essa foi uma experiência real com Rafael? Pode ser que seja difícil responder. Pergunte a si mesmo se recebeu respostas proveitosas para suas questões. Se recebeu, a experiência é válida, não obstante este tenha sido um contato real ou não.

Você pode querer tentar esse método várias vezes. Isso se deve à sua provável dúvida quanto à autenticidade da experiência na primeira ou na segunda vez, mas essas preocupações desaparecerão quanto mais você realizar o método. Mesmo se não fizer um contato real na primeira vez, ganhará confiança em todas as ocasiões em que repeti-lo e isso estimulará mais a companhia de Rafael para com você.

Claro, agora que você sabe como contatar Rafael, também vai querer saber como pedir a ajuda dele.

Capítulo 3

Como Pedir Ajuda

Rafael quer ajudar você a qualquer momento. Tudo o que você necessita fazer é pedir auxílio. No entanto, é muito melhor falar a ele o que você precisa, em vez de gritar por ajuda. Rafael é envolvido com a comunicação e entenderá tudo o que disser, mesmo que ache difícil expressar seus pensamentos e sentimentos de forma clara.

Às vezes, é complicado exprimir o que você quer de fato, principalmente quando está envolvido de maneira emocional em uma situação difícil. Rafael compreenderá o que você está tentando dizer, estará disponível e desejará proporcionar cura ou outra ajuda que você pedir.

Um amigo meu vivenciou um fim de casamento difícil. Claude não percebera que sua esposa estava infeliz com o relacionamento e ficou desolado quando ela anunciou a sua partida. Por vários meses, ele lamentou por seu destino e culpou todo o mundo, exceto a si mesmo, pelos problemas. Por fim, Claude pelo menos notou que teve a sua parcela de culpa na crise do casamento e que o ódio pela ex-mulher doía muito mais nele do que nela. Ele decidiu pedir a cura para Rafael.

Claude começou enumerando uma lista de todas as coisas que queria que Rafael fizesse por ele. Desejava cura emocional para si mesmo, para a ex-mulher e para os três filhos. Queria a ajuda de Rafael para se libertar do passado, a fim de que pudesse tornar-se íntegro de novo. Ademais, queria a ajuda de Rafael para obter novamente contato com o lado espiritual de sua natureza. Por fim, queria enviar amor para a ex-mulher e para os filhos, e desejava ser perdoado por seu comportamento.

Nessa etapa, ele entrou em contato comigo, pois pensou que poderia estar fazendo pedidos demais.

"Eu não deveria pedir uma coisa de cada vez"?, perguntou Claude.

Expliquei que os arcanjos queriam que ele estivesse saudável e íntegro. Eles fariam o possível para assegurar isso. Então, meu amigo estava agindo certo. Rafael ficaria muito contente em fazer o necessário para ajudar meu amigo a retomar sua vida outra vez.

Não vi Claude por quase três semanas. A mudança nele foi inacreditável. Sua expressão abatida foi embora. Ele estava alegre e radiante e riu várias vezes durante nossa conversa. Claude criara um ritual com os quatro arcanjos e pedira todas as coisas que discutimos antes.

"O sentimento de paz que veio após o fim do ritual foi maravilhoso", contou-me ele. "Senti como se todas as minhas preocupações tivessem sido tiradas de mim e soube que tudo transcorreria bem. E depois, de repente, uma comporta dentro de mim parecia explodir e chorei por pelo menos quarenta minutos. Eu não chorava desde que era criança e fiquei chocado quando isso aconteceu. No entanto, terminou tão rápido como começou e imediatamente eu me senti melhor. E não fui só eu. No dia seguinte, várias pessoas no trabalho comentaram a respeito de minha boa aparência."

Fiquei feliz com a melhora no estado mental de meu amigo e eu lhe garanti que Rafael lidaria com todos os seus problemas. Nas semanas seguintes, Claude descobriu que poderia visitar os filhos nos fins de semana sem brigar com a ex-mulher. Tudo se tornou mais fácil aos poucos. Ele comunicou-se com Rafael regularmente. Seu relacionamento com a ex-mulher e com os filhos melhorou bastante e, no devido tempo, ele descobriu que poderia desfrutar de conversas agradáveis com ela sem desentendimentos ou desprazer.

Claude manteve-me informado a respeito dos fatos, mas, mesmo assim, eu me surpreendi com o que ocorreu depois. Ele pediu a ajuda de Rafael para encontrar uma nova companheira. Claude escreveu uma lista com todas as qualidades que queria que essa pessoa tivesse e leu isso para os quatro arcanjos.

Três dias depois, ele foi convidado para uma festa e encontrou uma mulher com quem tinha trabalhado há alguns anos. Eles foram tomar um cafezinho no dia seguinte e logo se tornaram namorados. Claude ficou surpreso em ver como o relacionamento progrediu rapidamente.

"Pedi ajuda a Rafael um dia e despertei apenas alguns dias depois louco de amor por uma mulher bonita que tem todas as qualidades que eu estava procurando. Mal posso acreditar que seja possível", disse ele.

Frequentemente, os anjos demoram a dar o que você pede. No entanto, Claude fora muito objetivo. Sabia exatamente o que queria e pediu. Ele planeja se casar de novo e confia que dará certo dessa vez.

"Aprendi bastante com meu casamento anterior", contou-me Claude. "Amadureci. Não chego nem perto do que era antes. Tenho a mulher perfeita para ser minha esposa e, com Rafael cuidando de nós, penso que o futuro não poderia parecer melhor."

Angela tem 45 anos e é professora aposentada. Atualmente, estuda para ser naturopata e pediu ajuda a Rafael.

— Afinal, ele é o médico divino — apontou ela. — Acho que, com a ajuda de Rafael, posso aprender mais rápido e assimilar informações muito mais facilmente do que antes. Você sabia que Rafael cuida de alunos, assim como dos doentes? Ele também trata da criatividade — acrescentou, antes que eu pudesse responder.

— Como você pede ajuda a Rafael? — perguntei.

Angela sorriu.

— Levou um tempo para que eu me convencesse a pedir a ajuda de Rafael. Apenas quando as provas começaram a ficar muito difíceis, pensei em requerer o auxílio dele. Aliás, foi fácil. Meditei em uma noite e depois pedi a companhia dele. Quando Rafael chegou, falei do meu problema e disse que precisava de ajuda. Ele aceitou e começamos na mesma hora. Agora, quando estudo, Rafael fica comigo. Pergunto a ele qualquer coisa que não entendo completamente. Rafael é um enorme apoio para mim nos estudos e já concordou em prestar-me ajuda com meus pacientes quando eu montar minha própria clínica — disse ela.

Laurence é um aluno do ensino médio de 16 anos que pediu ajuda a Rafael para ter um desempenho melhor na escola.

"Não podia me concentrar", contou-me ele. "Eu me sentava na classe e o professor falava, mas eu ficava distante. É um problema que sempre tive. As pessoas me chamam de sonhador, pois, até no meio de uma conversa, vou para meu próprio mundo. Minha irmã me pôs em contato com os anjos. Ela entendia dessas coisas e me disse para pedir a ajuda de Rafael. Pensei que ela estava louca, mas, no fim, tirei notas baixas. Então, resolvi. Li alguns livros dela. Depois, fui até a praia e invoquei Rafael. Não esperava que nada acontecesse e fiquei totalmente emocionado quando ele veio. Tivemos uma longa conversa mental e ele disse que ajudaria. Eu me surpreendi tanto que não contei nada a ninguém. O que fiz funcionou. Pude concentrar-me mais na escola e meu rendimento foi muito melhor do que antes. Contatei Rafael o tempo todo depois disso e meus trabalhos escolares ficaram cada vez melhores. Não sei ainda que matérias vou estudar na faculdade, mas Rafael está me ajudando com isso também."

Esses exemplos mostram que Rafael quer ajudar você quando houver necessidade. Tudo o que precisa fazer é entrar em contato com ele e explicar da forma mais clara possível qual é o problema e a ajuda que você deseja. Depois, deixe tudo por conta dele. Rafael sempre faz perguntas que obrigam você a pensar profundamente e ter suas próprias respostas. Aqui está um exemplo.

Kirsten queria ser artista. Seus pais trabalhavam na indústria de publicidade como artistas *freelancers* e ela queria seguir a mesma carreira. No entanto, na Universidade, veio-lhe à mente que, embora gostasse de criar obras de arte, elas não estavam dando-lhe a satisfação almejada. Pediu ajuda a Rafael.

Por várias semanas, Kirsten se comunicou com Rafael todos os dias. Ela falou para ele tudo que pôde a respeito de sua vida e do seu desejo de ser artista. Encheu seu quarto de exemplos das suas ilustrações, para que Rafael pudesse ver o que ela estava criando. Por fim, Rafael perguntou por que ela queria ser artista. Kirsten achou difícil responder. Depois de pensar a respeito por vários minutos, ela disse que tinha uma aptidão natural para tal e seus pais estavam preparados para ajudá-la a se estabilizar na profissão.

Rafael perguntou-lhe se isso era o suficiente.

— Onde está a paixão? — perguntou ele.

Kirsten teve de concordar com o fato de que essa foi a razão de pedir sua ajuda.

— Gosto de desenhar e pintar — contou-lhe ela. — Sou boa nisso e as pessoas gostam do que faço. Mas não tenho aquele *tchan* especial. Você está certo. Não há paixão.

— Você seria feliz em passar o resto da vida na área de publicidade?

Kirsten pensou por um momento e depois balançou a cabeça negativamente.

— Acho que não — disse ela.

— O que você quer fazer? — perguntou Rafael.

Kirsten admitiu que não tinha ideia. Em suas sessões regulares com Rafael, discutiram várias possibilidades. Um dia, ela lhe disse que amava escrever histórias curtas e até escrevera e ilustrara um livrinho para o aniversário de seu primo.

— Rafael sorriu — contou-me ela. — E depois senti um arrepio estranho. Soube que encontrara o que tinha de fazer.

Hoje, Kirsten está quase realizando seu sonho. Ela ainda trabalha em uma agência de publicidade duas vezes por semana. No restante do tempo, escreve e ilustra livros para crianças do ensino fundamental. Seus livros estão fazendo bastante sucesso e Kirsten pretende deixar o trabalho de publicidade logo. Ela achou sua paixão e atribui isso a Rafael.

"Mesmo depois de escrever aquele livrinho para meu primo, eu não tinha percebido que é para isso que eu estou aqui", contou-me ela. "Foi uma grande surpresa quando Rafael me apontou a direção certa. Estava debaixo do meu nariz, mas eu não enxergava. Sem Rafael, suponho que estaria fazendo o certo, porém seria apenas um trabalho. Estou muito agradecida. Agradeço a ele todos os dias.

Por Rafael ser tão acessível e disponível para ajudar, você pode querer perguntar a ele a respeito de tudo que ocorre em sua vida. Essa não é uma boa ideia, pois você deve ser responsável por sua própria vida. Comunique-se com Rafael regularmente e peça ajuda quando for necessário, mas não se torne codependente. A relação com Rafael aumentará todas as vezes que você entrar em contato. O próximo capítulo mostrará como contatar Rafael todos os dias.

Capítulo 4

Como Entrar em Contato com Rafael todos os Dias

Os arcanjos são muito ocupados e passam a maior parte do tempo executando tarefas de grande escala que estão bem além da nossa compreensão. Portanto, não é uma boa ideia invocá-los por causa de problemas insignificantes que você mesmo pode resolver.

Rafael é a única exceção a essa regra geral. Como é o arcanjo de toda a humanidade, ele cuida de muitas áreas que envolvem o nosso cotidiano, tais como cura emocional, fartura, amor, aprendizado, criatividade e viagem. Caso alguém seja grosseiro ou indelicado, você pode necessitar de cura emocional imediata. Se estiver enfrentando dificuldades em pagar suas contas, você deveria certamente pedir fartura a Rafael. Caso esteja procurando um pretendente ou deseje estar mais próximo de seu atual, peça amor para Rafael. Caso desempenhe uma nova função no trabalho, poderia pedir a ajuda de Rafael para aprender suas novas tarefas. Se tiver uma longa jornada diária, pode ser que você queira a ajuda de Rafael com a viagem. Em um dado dia, poderia precisar contatá-lo acerca de vários assuntos.

Então, pode ser benéfico ter um curto ritual que permita o seu contato com Rafael durante um ou dois minutos, quando for necessário. Há muitas maneiras de fazer isso.

O método mais fácil e direto é apenas invocá-lo, fechando os olhos e dizendo: "Rafael, preciso de ajuda agora". É extremamente eficaz, mas deve ser usado apenas em uma emergência.

O método que considero mais útil é usar ou carregar um amuleto relacionado a Rafael. Quando preciso de orientação ou de ajuda, acaricio levemente meu amuleto, penso no problema e espero o aparecimento da resposta em minha mente. Os amuletos, incluindo o de Rafael, protegem quem os usa.

Você pode usar qualquer objeto como amuleto. O único requisito é que ele deve ser relacionado a Rafael de alguma maneira. Um atraente objeto dourado, amarelo, azul, verde ou rosa seria perfeito. Utilizo uma pequena aventurina, que é um cristal verde. É usada com regularidade na cura de cristal e eu a acho muito macia e suave de se segurar. Uma de minhas alunas utiliza um minilivro, pois o objeto lhe remete ao papel de Rafael em aprendizado e criatividade. Outro aluno tem uma pequenina pluma que lhe remete às asas de Rafael e ao interesse do arcanjo em viagens. Muitas pessoas usam quartzo como amuleto para contatar Rafael. O quartzo dá energia, liberta do estresse, tranquiliza a alma e também pode ser usado para contatar o reino angelical. Ele se torna uma boa opção de escolha para muitas pessoas, mas prefiro utilizar algo mais especificamente associado a Rafael.

Quando você se encontrar em uma situação difícil, segure, acaricie ou esfregue seu amuleto e pense no problema, enquanto tenta esclarecer o acontecimento em sua mente. Na maior parte das vezes, receberá uma resposta de Rafael sem ter de invocá-lo. É porque ele saberá do fato assim que você começar a pegar em seu amuleto.

No entanto, pode haver momentos em que a necessidade é urgente e você se desespera de modo suficiente para invocá-lo. Nesse tipo de situação, você deve acariciar seu amuleto e dizer em silêncio ou em voz alta: "Rafael, auxilie-me, por favor.

Preciso de sua ajuda". Ele estará com você imediatamente, disponível para dar conselho, orientação e auxílio.

Por Rafael querer ajudar tanto, existirá uma tendência de invocá-lo o tempo todo. Você deve resistir a isso, pois não deseja se tornar dependente da ajuda e do apoio dele. Você deixa de evoluir nesta encarnação quando para de tentar resolver seus próprios problemas. Rafael está sempre disponível e quer auxiliá-lo, mas é bom fazer tudo o que você pode antes de pedir a ajuda dele.

Você também pode usar seu amuleto a fim de agradecer a Rafael por tudo que ele faz. Acaricie o talismã e envie uma oração silenciosa de agradecimento ao arcanjo. Com frequência, receberá uma resposta positiva dele quando age assim. Você pode sentir a presença de Rafael ou conforto e segurança. Você terá uma boa sensação com sua atitude. Todos, até um arcanjo, gostam de se sentir apreciados. Se quiser, você pode agradecer a Rafael várias vezes ao dia.

Outro método de contatar Rafael todos os dias usa o interesse dele em curar a Terra. Quando você vir algo bem diferente ou de destaque na natureza, pode agradecer a Rafael por cuidar do planeta. Diga que você fará sua parte para tornar o mundo um lugar melhor para os atuais habitantes e também para as futuras gerações.

Você poderia coletar o lixo deixado por visitantes ou arrumar um lugar que foi desorganizado. Sentirá a presença de Rafael ao seu redor e ficará bem consigo mesmo em realizar algo positivo pelo meio ambiente. Imagine como o mundo seria diferente se todos pegassem cada partícula de lixo todas as vezes que saíssem. Cada vez que faz isso, você está ajudando Rafael a curar o planeta. Dado que passe a ter tais atitudes com amor e intenção, você achará que está se comunicando naturalmente com Rafael e perceberá que ele está ao seu lado o tempo todo.

Meditação Diária com Rafael

Esta meditação agradável permite a você fortaleçer sua ligação com Rafael todos os dias. Você pode fazer esse exercício quando quiser e no lugar em que estiver no momento. No entanto, você receberá melhores resultados caso o realize no mesmo local sempre que possível e por volta da mesma hora todos os dias. Obviamente, isso não será sempre viável. Gosto de fazer essa meditação em meu lugar sagrado, mas, por viajar com regularidade, não posso realizá-la ali. Quando não estou em casa, sempre a faço na hora de dormir.

Deite-se e fique confortável. Passe alguns minutos relaxando o máximo que for possível. Quando se sentir totalmente relaxado, visualize-se cercado e protegido pela pura luz branca. Imagine-se como parte dessa luz, para que todas as células de seu corpo estejam repletas da energia protetora com poderes de cura. Sinta que está se tornando uma pessoa com essa bonita energia divina e saiba de sua interligação com todos os seres vivos.

Uma vez que atinja esse estado, você sentirá uma sensação de paz e tranquilidade por todo o seu corpo. Peça silenciosamente pela companhia de Rafael e depois se deite com calma, desfrutando do sentimento de fazer parte da luz branca.

Depois de um ou dois minutos, você enxergará Rafael no olho da sua mente. Na minha experiência, todos parecem vê-lo um pouco diferente. Ele pode aparecer com mantos e ter grandes asas. Ou como um viajante e portar um enorme cajado. Você pode ver o rosto dele e nada mais ou ter a sensação de que ele está presente e não enxergar nada em sua mente.

Deixe a energia poderosa de Rafael revigorar e restaurar seu corpo e sua alma. Agradeça por tudo que ele faz. Você pode querer ter uma breve conversa com ele. No entanto, pela pretensão desse exercício ser uma comunhão regular e diária com Rafael, esse não é o momento de pedir ajuda. Você deve usar um dos outros rituais para isso. Desfrute desse tempo curto com Rafael. Após um ou dois minutos, ele desaparecerá aos poucos pela luz branca e sumirá.

Não abra os olhos imediatamente. Desfrute da tranquilidade, da paz e do relaxamento proporcionados pela pura luz branca por mais alguns minutos. Quando você se sentir pronto para terminar, respire fundo e dê um suspiro audível enquanto solta a respiração. Abra os olhos e siga seu dia.

Comunicar-se com Rafael todos os dias é uma maneira excelente de aumentar sua ligação com ele. No próximo capítulo, trataremos do poder maravilhoso do pentagrama, um presente que Rafael deu ao rei Salomão.

Capítulo 5

Os Selos de Salomão

Uma das mais famosas histórias a respeito de Rafael conta como Deus pediu que o arcanjo levasse um anel especial para o rei Salomão, a fim de ajudá-lo a construir seu templo.* Esse anel foi enfeitado de pedras mágicas poderosas e um pentagrama estava gravado no selo. O pentagrama deu a Salomão poder sobre os espíritos.

O pentagrama é uma estrela de cinco pontas que foi considerado um símbolo de boa sorte e de proteção por pelo menos 5 mil anos. Pelo fato de o pentagrama poder ser desenhado em uma única linha contínua, considera-se que ele represente a interligação de todas as coisas. Às vezes, é chamado de "nó sem fim", porque pode amarrar simbolicamente as energias além de nosso controle normal.

Os antigos sumerianos usavam o pentagrama como um símbolo para indicar o céu e os quatro cantos do mundo. Eles o utilizaram como um amuleto protetor que defendia das más influências. No simbolismo mágico, as cinco pontas indicam os quatro elementos, mais o espírito ou o divino.

Assim, devido à sua associação a Rafael, o arcanjo da cura, o pentagrama tornou-se um símbolo dela e, até recentemente, os farmacêuticos o usavam quando faziam propaganda de seus produtos. A esposa do rei Henrique IV da França possuiu um amuleto de

---

*N.E.: Sobre o tema, sugerimos a leitura de *Gnose — O Anel Consagrado de Salomão*, de Pascoal Gomes, Madras Editora.

pentagrama que utilizou o tempo todo. Ela considerou que sua excelente saúde foi um resultado direto do uso do objeto.[14]

O escritor grego Lucian escreveu que Pitágoras e seus seguidores deram mais importância à boa saúde do que à alegria ou ao bem-estar. É porque o bem-estar sempre vinha quando a pessoa desfrutava de boa saúde. No entanto, a alegria e o bem-estar não podem gerar boa saúde. Os pitagóricos usaram o pentagrama como um distintivo e o chamaram de "saúde".[15] Pitágoras os aconselhava constantemente a manter um bom equilíbrio entre seus corpos e suas almas e eles tentavam levar vidas saudáveis e bem equilibradas.

O pentagrama teve origem na Babilônia e se espalhou pelo mundo antigo com rapidez. Um friso de uma sinagoga escavado em Cafarnaum, datando do século III d.C., contém pentagramas e hexagramas.[16] Grafites de pentagramas e de hexagramas, datando de cerca de 200 a.C., também foram encontrados em um túmulo em Marissa.[17]

Do século V a.C. até por volta de 300 d.C., o pentagrama foi usado em muitas moedas gregas. Como é improvável que fosse para fins decorativos, sua pretensão talvez fosse afastar o mal.

Por toda a história, o pentagrama foi utilizado para afastar maus espíritos e promover saúde física e espiritual. Na Idade Média, pentagramas eram pintados ou gravados em paredes, portas, camas e outros objetos domésticos para afastar o azar. O pentagrama também começou a aparecer no simbolismo cristão, o que é mostrado pelo número de pentagramas encontrados dentro

---

14. Deborah Lippman e Paul Colin, *How to Make Amulets, Charms and Talismans: What They Mean and How to Use Them* (New York, NY: M. Evans and Company, Inc., 1974), p. 99.
15. J. Schouten, *The Pentagram as a Medical Symbol* (Nieuwkoop, Netherlands, De Graaf, 1968), p. 15.
16. R.E. Goodenough, *Jewish Symbols in the Greco-Roman Period,* Volume 1: *The Archaeological Evidence from Palestine* (Treze volumes), (New York, NY: Pantheon Books, 1953), Volume 1, p. 187.
17. R.E. Goodenough, *Jewish Symbols in the Greco-Roman Period,* Volume 1: *The Archaeological Evidence from Palestine*, p. 68.

das igrejas. Nessa forma, simbolizou as cinco chagas sagradas de Cristo.

Cornelius Agrippa de Nettesheim (1486-1535) acreditava que o pentagrama demonstrava a harmonia existente entre o Microcosmos e o Macrocosmos. Em sua obra *De Occulta Philosophia*, ele descreveu o pentagrama como a revelação de uma síntese perfeita do ser humano.[18] Cornelius Agrippa também escreveu que Antiochus recebeu, por meio de revelação, um distintivo contendo um pentagrama dentro de quatro círculos, o que significava saúde.[19] Ele o usou como um amuleto protetor em sua batalha bem-sucedida contra os gálatas.

Devido a relação do pentagrama com a saúde, a Associação dos Médicos Cirurgiões de Gouda decidiu utilizá-lo como seu emblema em 1660, o ano de sua fundação. Sua sala de reuniões data de 1699 e é preservada como parte do Museu Municipal "Catherina-Gasthuis", em Gouda, Holanda. Os visitantes sempre se surpreendem com o número de pentagramas em evidência. Tudo, desde almofadas até armários, contém pentagramas.

Apesar de nem sempre receber crédito, Rafael é responsável por grande parte desse interesse pelos pentagramas e pelo anel precioso que ele entregou a Salomão. O pentagrama se espalhou pelo mundo e exemplos dele também foram encontrados na Índia, na China, no México e no Peru.

O pentagrama é um sinal de magia branca ou benéfica quando mostrado com um ponto para cima e dois para baixo. Nessa forma é, às vezes, conhecido como o "pé de druida". Quando dois pontos estão para cima e um para baixo, é um sinal de magia negra ou maléfica. Isso simboliza os chifres do diabo e é, às vezes, chamado de o "pé de cabra".

---

18. Henry Cornelius Agrippa of Nettesheim, *Three Books of Occult Philosophy* (editado e comentado por Donald Tyson) (St. Paul, MN: Llewellyn Publications, 1993), p. 347.
19. Henry Cornelius Agrippa of Nettesheim, *Three Books of Occult Philosophy*, p. 564.

O pentagrama obteve posteriormente o nome grego *penta*, que significa "cinco". Os pitagóricos consideravam o número cinco importante. Você já se perguntou por que tocamos os copos antes de beber vinho? Os pitagóricos acreditavam que os cinco sentidos deveriam ser utilizados para receber total alegria de alguma coisa. Eles podiam cheirar, experimentar, sentir e tocar o vinho, mas não podiam ouvi-lo até que começassem a tocar seus copos.

O número cinco foi importante por ser a soma de dois e três, místicos. Diodorus Siculus (século I a.C.) o considerou importante porque era "a união dos quatro elementos com os céus".[20] É o número central em um quadrado mágico de 7,5 centímetros. Davi usou cinco pedras lisas para golpear Golias. José deu a Benjamin cinco peças de roupa. José também apresentou apenas cinco de seus irmãos ao faraó. Havia cinco sábios e cinco virgens tolas. Jesus alimentou a multidão com cinco pães, mais dois peixes. Ele também profetizou sua Paixão nas cinco ocasiões e recebeu as cinco chagas.

Os antigos romanos acendiam cinco velas quando acontecia um casamento. Orações especiais eram enviadas a cinco divindades: Diana, Juno, Júpiter, Piton e Vênus. Os convidados também entravam em grupos de cinco pessoas.

Na magia, o pentagrama representa a força da vida universal que controla os elementos fogo, terra, ar e água. O ponto mais alto do pentagrama representa o espírito ou a força da vida universal. À sua esquerda, o ponto mais alto simboliza o ar. O ponto mais alto do lado direito simboliza a água. O ponto mais baixo da mão esquerda representa a terra e o ponto mais baixo da mão direita significa o fogo.

Há muitos rituais de magia que usam o pentagrama. Na verdade, eles poderiam ser considerados a base da magia ocidental e são os rituais mais praticados.

---

20. Diodorus, citado em *Numbers: Their Occult Power and Mystic Virtues*, de W. Wynn Westcott (London, UK: The Theosophical Publishing House Limited, 1890), p. 62.

Como Proteger algo com o Pentagrama

Este é um simples ritual que pode ser feito a qualquer momento para invocar a proteção de Rafael sobre certo objeto. Comece estendendo os dois primeiros dedos de sua mão dominante enquanto segura o terceiro e o quarto dedos com o polegar. Você talvez tenha criado essa forma para representar uma arma se brincou de *cowboy* e índio quando era criança.

Desenhe um pentagrama no ar sobre o objeto que quer proteger. Para esse determinado pentagrama, comece no ponto mais baixo da mão direita (fogo) e vá até a parte de cima (força da vida universal). Desça de novo até o ponto mais baixo da mão esquerda (terra), suba até o ponto mais alto da mão direita (água), cruze o ponto mais alto da mão esquerda (ar) e volte para o fogo de novo.

Enquanto você o faz, visualize a si mesmo e o objeto que está protegendo ao redor de uma pura luz branca. Pode ser que você se imagine desenhando o pentagrama com uma esplêndida luz roxa que paira sobre esse objeto.

Agora o objeto está protegido. Se quiser, pode colocar um pentagrama protetor sobre uma pessoa ou alguma coisa. Pode ser que você queira proteger familiares e amigos íntimos com essa técnica. Se eles não estiverem presentes, desenhe um pentagrama sobre a foto deles. Ou você pode escrever seus nomes em pedaços de papel e pôr um pentagrama em cima. Isso assegura que Rafael cuidará deles onde quer que possam estar.

Uma conhecida minha perdeu contato com sua filha adolescente e não tinha ideia de onde ela estava. Todos os dias, colocava um pentagrama sobre uma foto da filha e fazia um curto ritual na mesma hora, diariamente. No fim do ritual, ela sempre agradecia a Rafael por ajudá-la em seu momento de necessidade. Quando voltou para casa, a filha disse que se sentia protegida o tempo todo e pensara em sua mãe todos os dias no exato momento da realização do ritual.

Afastando Negatividade do Pentagrama

Você pode também usar o pentagrama para eliminar qualquer estresse ou negatividade em sua vida. Serão necessárias cinco velas de cor azul-escura para esse ritual.

Comece criando um círculo de proteção para si mesmo. Ele deve ter entre 1,80 metro a 2,5 metros de diâmetro. Coloque as cinco velas dentro dele, em cada ponto de um pentagrama imaginário. Acenda as velas e sente-se no meio de seu círculo mágico.

Visualize-se cercado por uma pura luz branca de proteção. Imagine a união das velas para formar um grande pentagrama. Quando você tiver uma clara percepção delas na mente, enfoque a razão da negatividade em sua vida. Veja, perceba e sinta a negatividade. Reviva-a em sua mente. Diga para si mesmo que não precisa mais dela em sua vida. A negatividade está prendendo você, esgotando sua energia e impedindo a realização de todas as coisas que deseja. Você pode ficar zangado ou emocionado enquanto revive essas experiências. Isso é ótimo, pois, assim, pode invocar Rafael para banir as energias negativas.

Peça ajuda a Rafael. Prefiro pedir em voz alta, mas, se quiser, você pode fazê-lo em silêncio. Você pode falar o seguinte: "Poderoso Rafael, necessito de cura por causa da negatividade ao meu redor. Por favor, ajude-me e elimine as forças do mal que estão me afetando". Conte a Rafael exatamente o que aconteceu e por que você quer a retirada da negatividade. Depois de fazê-lo, sente-se de maneira tranquila por um ou dois minutos. Você pode receber ou não uma resposta direta de Rafael. Ele pode mandar uma mensagem para sua mente dizendo que tudo transcorrerá bem. Se receber uma resposta ou não, agradeça a ele com sinceridade pela ajuda.

Por fim, apague as velas, começando com a do lado mais alto da mão direita (Água) e continuando no sentido horário. A segunda vela a ser apagada simboliza o Fogo, seguido por Terra, Ar e Força da Vida Universal.

Sente-se de novo no meio de seu círculo protetor e deixe as energias com poderes de cura restaurarem seu corpo, sua mente e sua alma. Quando se sentir pronto, levante-se e siga seu dia. Na maior parte das vezes, você terá de realizar esse ritual apenas uma vez. No entanto, se a causa for especial, pode repeti-lo várias vezes.

Rituais de Pentagrama de Banimento e Invocação

Os dois rituais de pentagrama mais importantes são o de Banimento e o de Invocação. A Ordem Hermética da *Golden Dawn* (Aurora Dourada) sugeriu que seus membros realizassem o Ritual de Invocação pela manhã e o de Banimento à noite. Entre os dois, o Ritual de Banimento é o mais importante, pois elimina energia espiritual indesejável. É, portanto, sempre feito no início e no fim de um cerimonial de magia. Uma vez que o Ritual de Banimento foi realizado, o Ritual de Invocação pode ser feito para reduzir e concentrar energia espiritual. Ambos são realizados para fins de proteção. Eles também removem negatividade e purificam o local em que são feitos.

Há várias versões desses rituais que podem ser usadas. Elas pertencem à época dos rituais originais da Ordem Hermética da *Golden Dawn* (Aurora Dourada), que surgiu no fim do século XIX. A versão explicada aqui é mais objetiva do que a original e é fácil de ser praticada.

Um dos aspectos mais importantes de qualquer ritual é a visualização. Quanto melhor você puder visualizar, mais poderoso será o efeito do ritual. Nesse ritual, você precisa visualizar os quatro arcanjos no olho da mente, conforme descrito nos capítulos anteriores. Algumas pessoas os, verão de forma clara. Outras não "verão" nada, mas sentirão a presença deles. Todo mundo é diferente e a maneira como você visualiza os arcanjos e outros aspectos do ritual é única. A vantagem é que notará o aumento dos seus poderes de visualização todas as vezes em que realizar esse ritual.

Cruz Cabalística da Luz

Comece o ritual preparando seu lugar sagrado e visualizando um círculo entre 1,80 metro a 2,50 metros de diâmetro. Fique dentro do círculo e imagine que ele está cheio de energia protetora com poderes de cura.

Olhe para o leste e visualize uma fonte de energia divina imediatamente acima de você. Estenda a mão direita o mais alto que puder e atraia essa luz para baixo até a testa e por todo seu corpo até os pés. Faça isso movendo o dedo indicador desde a testa até a virilha e termine apontando para o chão entre os pés. Diga em voz alta: "Para ti é o reino".

Traga a energia divina até o ombro direito enquanto o toca e diga: "O Poder". Passe sua mão pelo peito para tocar o ombro esquerdo enquanto diz: "E a Glória".

Coloque as mãos em seu coração e diga: "Para todo o sempre. Amém". Isso é conhecido como a Cruz Cabalística da Luz (Figura 1).

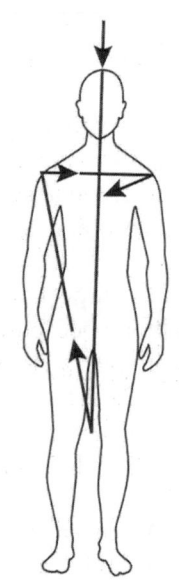

FIGURA 1 — *A Cruz Cabalística da Luz*

Ritual de Banimento

O Ritual de Banimento é feito no começo de qualquer cerimonial de magia para eliminar energias negativas ou prejudiciais. Há quatro tipos principais de pentagramas de banimento, um para cada elemento. O mais básico, que pode ser usado para fins de proteção a qualquer momento, relaciona-se ao elemento Terra.

Para realizá-lo, fique de pé olhando para o leste. Estenda sua mão dominante com os dois primeiros dedos esticados e indique um local na frente da perna esquerda. Você agora vai desenhar um pentagrama no ar, iniciando nessa posição. Se o pentagrama fosse uma pessoa, você começaria na perna esquerda, iria até a cabeça e depois até a perna direita, o ombro esquerdo, o ombro direito, e voltaria para a perna esquerda (Figura 2). Desenhe o pentagrama tão grande quanto você puder. Enquanto desenha o pentagrama, peça a proteção de Rafael. Volte-se para o sul e desenhe o pentagrama de novo. Dessa vez, peça a proteção de Miguel. Volte-se para o oeste e peça a

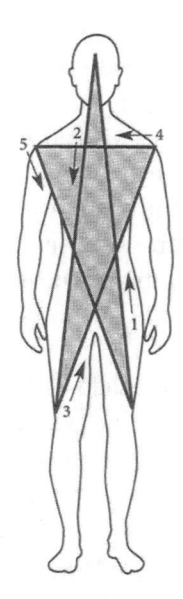

FIGURA 2 — O Pentagrama de Banimento

proteção de Gabriel enquanto desenha o pentagrama de novo. Repita com Uriel no norte e, por fim, volte-se para o leste. O Ritual de Banimento agora terminou e você pode continuar seu trabalho dentro do círculo de proteção.

Essa é a maneira mais simples de realizar o Ritual de Banimento. Algumas pessoas preferem desenhar um pentagrama para cada elemento, em vez de desenhar o mesmo a cada vez, como acabamos de fazer. Descrevi essa versão depois do Ritual de Invocação. Tente os dois e veja qual prefere.

Ritual de Invocação

Ainda olhando para o leste, estenda sua mão dominante com os dois primeiros dedos esticados para indicar um ponto levemente acima da cabeça. Desenhe um pentagrama no ar, tão grande quanto puder iniciando no ponto mais alto da mão esquerda e passando pelo ponto mais alto da mão direita. Se o pentagrama fosse uma pessoa, você começaria pelo braço esquerdo, iria até o braço direito e depois até a perna esquerda, a cabeça, a perna direita, e voltaria para o braço esquerdo (Figura 3). Você pode ter notado que iniciamos o desenho deste pentagrama a partir da posição do elemento Ar. Isso é deliberado, pois o leste se relaciona ao ar. Visualize esse pentagrama como um anel de fogo contínuo. Aponte para o centro e diga: "Desenho este círculo no leste em nome do abençoado arcanjo Rafael". Visualize Rafael alto, poderoso e com asas enormes na sua frente. De modo tradicional, ele é representado usando mantos amarelos que simbolizam o elemento Ar. Imagine-o com a maior nitidez possível.

Com seu braço ainda esticado, volte-se para o sul e trace outro pentagrama. Dessa vez, inicie na posição do Fogo (perna direita). Depois, vá até a cabeça, a perna esquerda, o braço direito, o braço esquerdo, e volte para a perna direita. Aponte para o centro e diga: "Desenho este círculo no sul em nome do abençoado arcanjo Miguel". Visualize Miguel na sua frente. Miguel sempre usa mantos vermelhos para simbolizar o elemento Fogo. Ele é tão grande que as pontas

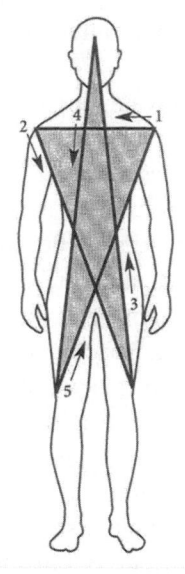

FIGURA 3 — *O pentagrama de invocação*

da asa tocam as de Rafael.

Volte-se para o oeste e crie outro pentagrama. Inicie na posição da Água (braço direito). Começando do braço direito, vá até a perna esquerda, a cabeça, o pé direito, o braço esquerdo e volte para o braço direito. Enquanto aponta para o centro do pentagrama, diga: "Desenho este círculo no oeste em nome do abençoado arcanjo Gabriel". Imagine Gabriel em sua mente e perceba que as pontas da asa tocam as de Miguel. Em geral, ele usa mantos azuis. Esses mantos simbolizam o elemento Água.

Volte-se para o norte e desenhe o pentagrama final. Inicie na posição da Terra (perna esquerda). Da perna esquerda, vá até o braço direito, o braço esquerdo, a perna direita, a cabeça e volte para a perna esquerda. Aponte para o centro desse pentagrama e diga: "Desenho este círculo no norte em nome do abençoado arcanjo Uriel". Visualize Uriel com a maior clareza possível. Ele normalmente usa mantos verdes ou marrons. Esses mantos simbolizam o elemento Terra. Note que ele é tão grande como os outros arcanjos e as pontas da asa tocam as de Rafael e Gabriel. Os quatro arcanjos estão formando uma sólida parede de proteção em volta de você.

Com o braço ainda levantado, volte-se de novo para o leste. Visualize-se cercado por um círculo de fogo. Estenda os braços e diga: "à minha frente, está Rafael. Atrás de mim, está Gabriel. Ao meu lado direito, está Miguel. Ao meu lado esquerdo, está Uriel. Acima de mim, está Deus. Abaixo de mim, está a Virgem Maria. Dentro de mim, está a essência divina".

O local de trabalho agora está protegido e disponível para o começo de sua comunicação com Rafael. Os quatro arcanjos estão com você e você pode falar com um ou com todos voltando seu rosto para eles. Você terá decidido anteriormente quais assuntos serão discutidos e com quais arcanjos precisa falar.

Uma vez que tenha terminado, você deve agradecer aos arcanjos por tudo que eles fazem em seu nome. Você pode terminar a invocação realizando o Ritual de Banimento.

Conclusão do Ritual de Banimento

Inicie com a Cruz Cabalística exatamente da mesma maneira que começou a invocação. Olhe Rafael ao leste e desenhe um grande pentagrama. Agora, o desenho será diferente. Na última vez, começamos no braço direito e fomos até o pé esquerdo. Dessa vez, começamos no braço direito e vamos até o braço esquerdo, o pé direito, a cabeça, a perna esquerda e voltamos para o braço direito. Uma vez feito isso, diga: "Obrigado, abençoado arcanjo Rafael. Agora excluo este círculo no leste".

Volte-se para o sul e crie outro pentagrama. Desta vez, comece na perna direita e vá até a cabeça, a perna esquerda, o braço direito, o braço esquerdo e volte para a perna direita. Diga: "Obrigado, abençoado arcanjo Miguel. Agora excluo este círculo no sul".

Volte-se para o oeste e desenhe outro pentagrama. Comece no braço direito e vá até o braço esquerdo, a perna direita, a cabeça, a

perna esquerda e volte para o braço direito. Diga: "Obrigado, abençoado arcanjo Gabriel. Agora excluo este círculo no oeste".
Volte-se para o norte. Desenhe um pentagrama final. Comece na perna esquerda e vá até a cabeça, a perna direita, o braço esquerdo, o braço direito e volte para a perna esquerda. Diga: "Obrigado, abençoado arcanjo Uriel. Agora excluo este círculo no norte".
O círculo agora está removido. Com os braços esticados, trace um círculo inteiro no sentido anti-horário e saia dele.

A Estrela de Davi

Há outro símbolo poderoso que está estreitamente relacionado ao pentagrama. É a Estrela de Davi, uma estrela de seis pontas, criada por dois triângulos que se sobrepõem de modo equilateral (Figura 4). Existem muitas suposições a respeito do desenho no anel que Rafael deu ao rei Salomão. Algumas pessoas acreditam que continha um hexagrama, enquanto outras insistem em que era um pentagrama. Na verdade, o pentagrama e o hexagrama foram chamados de "o Selo de Salomão" em épocas diferentes.

A Estrela de Davi é considerada um símbolo de fé no Judaísmo e é o emblema nacional de Israel. Naturalmente, aparece também

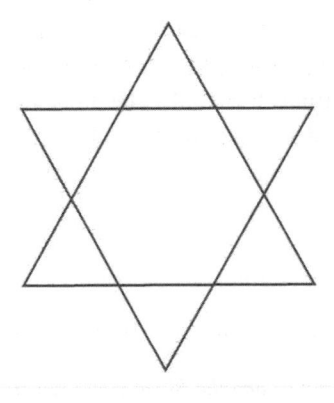

FIGURA 4 — A Estrela de Davi

na bandeira israelita. Antes do século XIV, os judeus usaram o *Menorah*, o candelabro de sete pontas, como seu símbolo. No entanto, em 1354, o rei Carlos IV permitiu que os judeus de Praga tivessem sua própria bandeira. As pessoas escolheram a estrela de seis pontas, a qual vem sendo o símbolo do Judaísmo desde aquela época.[21]

O triângulo de ponta ascendente simboliza a energia masculina, enquanto o de ponta descendente significa a energia feminina. No Hinduísmo, a Estrela de Davi representa a união de *yoni* e *linga* e é associada ao casamento sagrado de Shiva e Shakti. Os santuários do Paleolítico e do Neolítico de milhares de anos atrás mostram que a letra V sempre foi símbolo da Deusa Mãe.[22] É claro que o V cria dois lados do triângulo feminino.

A Estrela de Davi é considerada um amuleto poderoso que protege do mau-olhado aqueles que a usam. Na Idade Média, foi utilizada como proteção contra incêndio, armas perigosas e inimigos potenciais. Por poder também ser relacionada aos sete planetas conhecidos dos antigos, julgou-se que ela atraiu boa sorte e prosperidade em todas as áreas da vida. Os seis planetas (Lua, Mercúrio, Vênus, Marte, Júpiter e Saturno) foram atribuídos às pontas da estrela e o Sol foi colocado no centro. Outro aspecto positivo da Estrela de Davi é que as seis pontas representavam os quatro pontos cardeais, mais o céu e o inferno. Em outras palavras, ela continha o Universo inteiro. É consequentemente também um poderoso talismã que dá consciência, conhecimento, discernimento, paz interior e confiança ao seu dono. Ademais, a Estrela de Davi pode ser usada para invocar os anjos.

---

21. R. Brasch, *The Supernatural and You!* (Stanmore, Australia: Cassell Australia Limited, 1976), p. 202.
22. Riane Eisler, *The Chalice and the Blade* (San Francisco, CA: Harper & Row, 1988), p. 72.

Na Alquimia, a Estrela de Davi representa a união dos opostos e é a "pedra do filósofo" da transformação espiritual.[23] Ganhou esse significado porque os quatro elementos podem ser relacionados a ela. O elemento Fogo é representado como um triângulo de ponta ascendente. O elemento Ar também é uma ponta ascendente e tem uma linha que passa por ele para diferenciá-lo do Fogo. O elemento Água é representado por um triângulo de ponta descendente, assim como o elemento Terra, que também tem uma linha que passa por ele, da mesma forma que o elemento Ar. O fato de que os quatro elementos estão sintetizados nesse único símbolo é uma razão pela qual se acredita que a Estrela de Davi fornece proteção divina para qualquer pessoa que a usa. Outra razão provável é que cada ponta representa um dos dias da criação.

A Estrela de Davi simboliza as energias femininas e masculinas revigorantes e essenciais no Universo. É um símbolo de integralidade e harmonia, áreas da vida pelas quais Rafael tem muito interesse.

Ritual de Atração Angelical

Os alquimistas e os magos usavam a Estrela de Davi de vários modos para atrair o reino angelical. Esta simples sequência dá proteção e, ao mesmo tempo, é uma maneira interessante de se comunicar com Rafael.

Comece criando uma Estrela de Davi no chão do local que será usado. Se quiser, você pode fazê-lo com linha ou lã. Sempre coloco pequenos objetos, geralmente cristais, em cada ponta para representar a Estrela de Davi (discutiremos cristais no Capítulo 8). Cada lado dos dois triângulos que compõem a Estrela de Davi deve ter aproximadamente o comprimento de 213 ou 243 metros.

Fique no meio do círculo de sua Estrela de Davi. Com os olhos abertos, visualize toda a área cercada por uma pura luz clara de proteção. Respire fundo três vezes. Começando em uma das pontas

---

23. Herbert Silberer, *Hidden Symbolism of Alchemy and the Occult Arts* (New York, NY: Dover Publications, 1971. Publicado originalmente na Alemanha em 1914), p. 399.

do símbolo, gire em sentido horário e olhe para cada ponta. Repita o processo, mas, desta vez, imagine a luz clara dando voltas ao seu redor, criando um círculo que roda por todos os lados da Estrela de Davi e gerando um vórtice de energia. Se quiser, gire mais algumas vezes para assegurar-se de que a visualização é a mais intensa possível. No entanto, cuide para que não fique tonto, pois isso interromperá o ritual.

Nessa etapa, você pode permanecer em pé ou ficar sentado ou deitado. Feche os olhos e pense na luz que gira cercando e protegendo você. Veja isso da forma mais clara possível no olho da mente e depois pense em suas razões para contatar Rafael. Você pode ter necessidade de pedir a companhia dele, porém provavelmente saberá aos poucos que Rafael está presente. Discuta o que quiser com ele. Quando terminar, agradeça a Rafael pela ajuda e pela constante proteção. De novo, fique ciente dessa mesma luz e, em sua imaginação, diminua-a e finalmente a pare.

Abra os olhos. Levante-se de novo, se já não estiver em pé, e gire em sentido anti-horário, olhando para cada ponta enquanto o faz. Agradeça a Rafael e às forças divinas pela proteção e depois saia da Estrela de Davi. O ritual terminou e, se quiser, você pode voltar à vida cotidiana imediatamente. Prefiro passar alguns minutos pensando no ritual e, às vezes, escrever quaisquer discernimentos ou ideias que vieram à minha mente enquanto estava envolvido nele.

Em alguns aspectos, esse ritual é semelhante ao Ritual do Cristal do Capítulo 7 que discuti em *Write Your Own Magic*.[24] É um ritual ocidental que traz boa sorte a quem o realiza. Seis cristais pequenos são colocados a formar uma Estrela de Davi e um cristal grande fica no meio. Cada lado dos triângulos que compõem a estrela tem 17,78 ou 20,32 centímetros de comprimento. Você escreve o que quiser no verso de uma foto que mostre o seu sorriso e a sua felicidade. A foto é posta junto com esse cristal grande e o vórtice de energia criado pela Estrela de Davi envia seu pedido aos céus.

---

[24] Richard Webster, *Write Your Own Magic* (St. Paul, MN: Llewellyn Publications, 2001), pp. 150-155.

Ritual de Integralidade

Esse ritual é semelhante ao anterior, porém é realizado para alcançar integralidade e unidade. Crie uma Estrela de Davi e fique dentro dela. Faça a primeira sequência até estar completamente cercado pelo círculo de energia em rotação.

Fique em pé. Invoque Rafael e, quando ele chegar, diga que quer purificação e está realizando o ritual para ter integralidade de novo. Peça proteção e ajuda enquanto está fazendo o ritual. Espere pelo consentimento dele antes de continuar.

Olhe para o leste e estenda os braços. Diga em voz alta: "Invoco todas as forças do leste para trazer harmonia e integralidade de volta para minha vida. Agradeço pela ajuda".

Volte-se para o sul e peça a ajuda das forças do Sul. Repita com o Oeste e Norte. Por fim, olhe para cima e estenda os braços o mais alto que puder. Diga em voz alta: "Peço que todas as forças divinas do Universo tragam harmonia e integralidade de volta para minha vida. Agradeço pela ajuda".

Olhe para o leste de novo e agradeça a Rafael por trazer o poder de cura de Deus para você. Visualize a luz em rotação mudando aos poucos para um verde curativo, calmo e pacífico. Sinta essa energia curativa indo para todas as células de seu corpo.

Quando se sentir pronto, termine o ritual fazendo um círculo inteiro no sentido anti-horário e agradecendo às forças divinas pela proteção enquanto o faz. Saia da Estrela de Davi e passe alguns minutos pensando no que aconteceu antes de seguir seu dia.

Repita esse ritual sempre que quiser, até a completa restauração da sua integralidade e harmonia.

Uma de minhas ex-alunas realizou esse ritual duas ou três vezes por semana durante três meses antes de sentir integralidade completa de novo. Vanessa teve um relacionamento que durou 12 anos. Ela estava desolada quando o relacionamento acabou, embora soubesse que ele não ia a lugar algum.

"Senti medo de conduzir minha vida sozinha", contou-me ela. "Julian e eu sempre fomos um casal e todos os nossos amigos eram casais. De repente, fiquei solteira de novo e não pude lidar com isso."

Felizmente, Rafael estava querendo ajudá-la e Vanessa agora está independente e vivendo plenamente.

"Ficaria interessada se o homem certo viesse", disse ela. "Mas não estou com pressa. Estou conduzindo muito bem minha vida."

Ela também pensou que, caso se encontrasse na mesma situação de novo, invocaria Rafael antes e confiaria totalmente nele.

"Acho que foi por isso que demorou para eu me libertar do passado e começar a tocar o barco para a frente", afirmou. "Estava fazendo o ritual regularmente, mas uma parte de mim não queria funcionar, pois eu ainda vivia no passado. Quando decidi que era hora de seguir em frente de novo, o ritual funcionou quase imediatamente."

Esses rituais de pentagrama e de hexagrama são poderosíssimos. Eles se tornam muito mais poderosos quanto mais você praticá-los. Além disso, adicionam energia ao seu lugar sagrado. Assegure-se de que tenha tempo suficiente para esses rituais. Como gosto de passar um tempinho pensando em meus rituais uma vez que eles acabam, tento realizá-los quando não preciso fazer nada logo depois.

Daremos mais um passo com Rafael em nosso trabalho quando tratarmos de cura, no próximo capítulo.

Capítulo 6

Cura com Rafael

Algumas coisas nunca mudam. Mais de 2 mil anos atrás, Platão escreveu que nenhuma tentativa deveria ser feita para sarar o corpo, até depois que a alma fosse curada. Ele escreveu isso porque estava preocupado com os ensinamentos de Hipócrates, que mostrou haver uma causa e um remédio natural para todas as doenças. A abordagem dele tratou a respeito dos sintomas em vez da causa subtendida e, infelizmente, isso ainda é o que sempre acontece hoje em dia. Platão considerou que os curandeiros deveriam usar o conceito holístico de lidar com o corpo, a mente e a alma. Felizmente, nossas mentes produzem energias de autocura constantemente, porém muitas pessoas precisam de ajuda adicional. Esse é o momento em que você deve invocar o reino angelical.

Rafael, como o arcanjo da Cura, quer que você goze de boa saúde mental, emocional, espiritual e física. Ele e o restante do reino angelical darão coragem de modo tranquilo e calmo para você fazer o que for necessário quando precisar de cura.

Um amigo meu sofria de úlcera crônica no estômago. Marcou uma consulta com o médico da família, mas, logo antes, cancelou e foi a um médico que nunca vira antes. Ele não pôde me dizer por que o fez. Tudo que pôde dizer foi que seu médico habitual não "parecia estar certo" desse determinado problema, enquanto o outro estava. Ninguém o tinha recomendado a ele. Esse profissional provou ser um *expert* no caso e tudo se resolveu. Acho que um anjo influenciou silenciosamente meu amigo e o estimulou a ir a um médico especialista no problema.

Outro exemplo envolveu uma de minhas alunas que sofria de dores na coluna. Em uma manhã, ela ligou a televisão e viu a propaganda de um produto relacionado ao seu problema. Ela o comprou e o considerou de extrema utilidade. Embora essa mulher nunca tenha ligado a televisão de manhã, de alguma forma escolheu esse determinado dia bem na hora do comercial referente a ela e a suas necessidades.

Todos nós temos experiências como essas que poderiam ser relacionadas à intervenção angelical, apesar de não sabermos disso.

Muitas enfermidades têm uma causa emocional. Sugeriu-se que várias doenças do coração são provocadas pela incapacidade da pessoa expressar suas emoções. Essa constante omissão de energia natural afeta o próprio órgão. Problemas desse tipo podem ser resolvidos pedindo-se a ajuda de Rafael para entender as razões ocultas da doença. Uma vez que a causa original seja conhecida, pode-se adotar etapas para solucionar o impasse.

Há muitos anos, uma cliente minha disse que entendeu por que sempre adoecia com pequenos problemas.

"É tudo causado pelo estresse", disse ela. "E fico mal, pois o estresse me força a parar de trabalhar. Enquanto estou deitada na cama, tenho tempo para refletir no que faço para mim mesma. Acho que os anjos me obrigaram a descansar, a fim de que eu pudesse entender."

Então, uma vez que percebeu isso, sua saúde melhorou dramaticamente. Ela começou a praticar técnicas de redução do estresse e a se comunicar sempre com os anjos. Encontrou empatia e amor especial por Rafael.

Naturalmente, se você precisar da ajuda de Rafael para qualquer tipo de cura, tudo o que necessita fazer é pedir. Você também pode pedir que ele cure outras pessoas quando for apropriado. Lembre-se de que todos os métodos de cura alternativa devem ser usados juntamente com o remédio tradicional. Você deve sempre consultar seu médico quando precisar de auxílio.

Há muitos métodos de consultar Rafael para você tentar se curar.

Descansando em seus Braços

Esse é um exercício de visualização muito restaurativo. Quase todo o mundo quer ter uma pessoa especial para abraçar e apertar. Até um toque de mão pode inacreditavelmente ser confortável e curativo. Se esses atos simples com outra pessoa podem atingir tanto, imagine como o conforto e a cura serão muito mais intensos ao abraçar Rafael.

Quando a vida parece estar conspirando contra você, é maravilhosamente terapêutico relaxar nos braços de Rafael e sentir seu amor e suas energias curativas.

O melhor momento para fazer isso é na hora de se deitar, à noite. No entanto, você também pode fazer esse exercício sentado. Então, em uma situação de crise, você poderia realizá-lo em quase qualquer lugar.

Sente-se ou deite-se confortavelmente. Feche os olhos, respire fundo três vezes e depois imagine que está aconchegado nos braços de Rafael. Fique ciente da respiração suave dele. Sinta o calor do corpo e a pressão leve dos braços e das asas de Rafael enquanto ele envolve você com ternura e amor. Pode ser que queira se comunicar com ele, mas, na maioria das vezes, você talvez descanse tranquilamente em seus braços, desfrutando da paz, do amor e da segurança que ele oferece.

Fique nos braços dele durante o tempo que quiser. Caso esteja fazendo esse exercício no trabalho, você poderia abrir os olhos depois de 60 segundos. Caso esteja relaxando nos braços de Rafael na hora de se deitar à noite, poderia permanecer nessa posição até adormecer. Você achará que o sono após esse exercício é muito benéfico e restaurativo.

Você não precisa esperar até que necessite desesperadamente da ajuda de Rafael para realizar esse exercício. Se sempre praticar o método de relaxar nos braços dele, você achará que seus níveis de estresse diminuirão, se sentirá mais capaz e controlado e todos os aspectos de sua vida melhorarão cada vez mais.

Autocura com Rafael

É natural perguntar "por que eu?" quando você recebe o diagnóstico de alguma doença. Essa é uma típica reação emocional a notícias desagradáveis. É importante passar por essa etapa antes de pedir ajuda a Rafael.

Destine algum tempo a si mesmo e peça para seu corpo ajudá-lo a compreender o motivo de sofrer dessa determinada doença. Você pode ter de fazê-lo várias vezes, principalmente se não estiver antes em sintonia com seu corpo. Muitas pessoas imaginam demais e entendem pouco das necessidades de seus corpos físicos. Passe o tempo que for necessário para discernimentos diferentes virem até você.

Uma vez feito isso, invoque Rafael, usando um dos métodos que discutimos anteriormente. Fale de seus medos e preocupações, e peça ajuda. Reconheça que a doença ocorreu por alguma razão e você tem algumas ideias prováveis do que seja. Fale que quer fazer algumas mudanças talvez necessárias em sua vida. Fale que está disponível e deseja aprender as lições envolvidas.

Agradeça a Rafael pelo interesse, pela preocupação e pela ajuda, e depois deixe o caso nas mãos dele. Repita esse ritual sempre que possível, até a restauração de sua saúde.

Se você tiver dor, deve também contatar Miguel e pedir força e coragem para ajudar a ficar bem de novo.

Cura da Aura

Os anjos são seres de luz. Eles estão repletos da energia da vida divina e usam cor, luz e vibração para curar-nos em todos os níveis. Nossas auras são campos eletromagnéticos compostos de cor, luz e vibração. Isso significa que podemos pedir para o reino angelical curar nosso campo áurico, pois os anjos são mais familiarizados com essas energias.

Muitas pessoas são capazes de ver auras e acredito que todos têm o potencial para fazê-lo.[25] É uma habilidade útil a ser desenvolvida, pois pode ajudar você de muitas maneiras. Por exemplo, a doença sempre aparece na aura antes que a pessoa fique ciente dela em seu corpo físico.

Sua aura irradia todas as cores do arco-íris. O tamanho da sua aura e a intensidade das cores dependem de uma variedade de fatores, incluindo sua saúde. A maneira de levar sua vida também aparece na aura. Uma pessoa honesta e carinhosa terá uma aura grande, cheia de cores vívidas e incandescentes. Uma pessoa desonesta terá uma aura pequena e as cores serão escuras. Isso pode explicar as palavras de Jesus quando ele disse: "Assim, brilhe vossa luz diante dos homens, para que vejam as vossas boas obras". (Mateus 5:16)

Você pode banhar sua aura em um arco-íris quando quiser. Há duas maneiras de fazer isso. O primeiro método demora mais, porém é um exercício de relaxamento agradável e muito benéfico.

Deite-se confortavelmente, feche os olhos e respire fundo e devagar várias vezes. Deixe uma onda de relaxamento percorrer seu corpo com cada exalação. Quando se sentir bem relaxado, imagine que está no pé de um arco-íris bonito. As cores são vívidas de modo indescritível e você sente admiração enquanto fita essa paisagem fantástica. Dê alguns passos para a frente, até que esteja totalmente cercado pela cor vermelha vibrante e suntuosa. Sinta

---

25. Richard Webster, *Aura Reading for Beginners* (St. Paul, MN: Llewellyn Publications, 1996).

a energia vermelha enchendo seu corpo de energia e de vitalidade. Respire fundo esse belo vermelho várias vezes.

Quando você se sentir pronto, dê mais alguns passos e desfrute da sensação de estar totalmente cercado pela esplêndida cor laranja. Deixe que a paz e a tranquilidade entrem em todas as células de seu corpo enquanto você fica no centro da cor laranja. Respire esta energia e sinta o alcance da cor em todas as partes de seu corpo.

Desfrute da cor laranja durante o tempo que quiser e depois vá para o amarelo. Viva a alegria e a felicidade que a cor amarela proporciona. Você também poderá sentir um estímulo mental. Respire a maior quantidade de energia amarela que desejar e deixe o prazer dado pela cor se espalhar em você.

Vá para o verde. Essa é uma cor que traz rejuvenescimento e você pode vivenciar as energias curativas que a cor proporciona enquanto o verde o envolve. Você pode amar toda a humanidade enquanto fica no meio dessa cor poderosa. Respire fundo a cor verde várias vezes.

A próxima cor é o azul. Sinta uma sensação de empolgação enquanto entra nos raios dessa cor. Você pode sentir-se mais jovem e disponível para qualquer coisa enquanto desfruta da energia dada pelo azul. Lembre-se de respirar fundo a pura energia azul várias vezes.

Quando entrar na cor índigo, as mudanças são sutis. Você fica ciente da sua intuição e da capacidade de fazer algo estabelecido em mente. Você ama a casa, a família e as pessoas próximas. Respire o índigo várias vezes e deixe-o preencher seu corpo.

Por fim, entre nos raios violeta. Você perceberá imediatamente porque a cor sempre foi considerada espiritual. Pode ser que você sinta um contato mais próximo com o divino ou uma sensação grandiosa de paz e de amor. Respire fundo essa notável energia várias vezes.

Desfrute do raio violeta durante o tempo que quiser e depois saia do arco-íris. Visualize-se no cenário mais bonito que possa imaginar. Sente-se tranquilamente e tire proveito do sentimento agradável de relaxamento por todo o seu corpo. Mantenha os olhos fechados e peça a companhia de Rafael. Quando ele chegar, peça-lhe para verificar a sua aura a fim de ter certeza de que você recebeu do arco-íris tudo o que foi necessário. Ele pode dizer que sua aura está maravilhosa ou sugerir que você volte para certas cores e respire mais as energias delas. Agradeça a Rafael por isso. Passe alguns momentos revivendo as vibrações, energias e sensações diferentes que cada cor lhe proporcionou. Quando se sentir pronto, abra os olhos.

Você se sentirá revitalizado na mente, no corpo e no espírito depois de fazer esse exercício. De certo modo, você lavou sua aura com todas as cores do arco-íris. Ela terá crescido e, consequentemente, estará incandescente. Rafael também a verificou para você e fez as sugestões necessárias. Com sua aura vibrante e saudável, sentirá maravilhas na mente, no corpo e no espírito. Você terá toda a energia de que precisa para terminar as tarefas do dia.

O segundo método de banhar sua aura é respirar fundo cada uma das cores. Feche os olhos e inale pura energia vermelha. Repita com o restante das cores. Depois peça para Rafael vir e olhar sua aura. Ele pode sugerir que você respire uma ou outras cores um pouco mais. Agradeça ao arcanjo antes de abrir os olhos. Prefiro mais passar o tempo andando pelo arco-íris, mas esse segundo método pode ser realizado em poucos minutos. Portanto, é um exercício útil quando você não tem tempo suficiente para fazer todo o exercício do arco-íris.

Esses exercícios são úteis, pois todas as cores em sua aura recebem benefício. Graças ao conselho de Rafael, todas as cores ausentes ganharão atenção extra para equilibrar e harmonizar sua aura.

Dado que fique ciente das cores em sua aura e comece a sentir as energias diferentes, é provável que saiba logo da ausência de uma das cores. Quando isso acontecer, pode respirar fundo essa cor várias vezes. Você também pode fazê-lo quando deseja dar-se energia extra em certa área. Caso tenha contraído gripe, por exemplo, pode ser que você queira absorver mais energia azul. Caso deseje mais confiança por determinada razão, poderia inalar a cor vermelha para se encher de entusiasmo, de energia e de confiança ilimitada.

Mãos Curativas

Muitas pessoas têm o que se conhece como "mãos curativas". Isso significa que algumas pessoas recebem benefício do toque delas.* Algumas dessas pessoas tornam-se curandeiras espirituais e fazem uma série de atividades maravilhosas com plantas, animais e seres humanos. Muitas acham que esse é um dom de poucos privilegiados. Felizmente, qualquer um pode ter mãos curativas e usar esse talento para ajudar os outros. É claro que você deve ter um forte desejo de ser solidário e precisa ser bem equilibrado e estável. Possuir a capacidade de enviar energia de cura para os seus semelhantes constitui-se em uma honra. Com certeza, não é uma oportunidade de satisfazer o próprio ego.

Fique do lado de fora de sua casa ou perto de uma janela aberta, com os pés a uma distância de 30,48 centímetros mais ou menos. Solte a respiração pelo tempo que puder até sentir a saída de todo o ar de seus pulmões. Respire profunda e conscientemente, enchendo seu abdome de ar. Imagine que você está inalando espírito puro quando inspira e exalando energia de cura quando expira.

Respire fundo várias vezes, enchendo o corpo de *prana* ou espírito divino. Quando sentir que todo seu corpo está repleto dessa energia, respire fundo outra vez. Estenda as mãos na sua frente com as palmas para cima. Enquanto exala, imagine a energia prânica vindo da área de seu coração e se espalhando dos braços para as palmas das mãos. Faça isso diversas vezes.

Ponha os dedos da mão direita no ombro esquerdo, enquanto, ao mesmo tempo, coloca os dedos da mão esquerda no ombro direito. Deixe os dedos das duas mãos deslizarem devagar dos braços para as mãos. Aperte as duas mãos.

---

*N.E.: Sugerimos a leitura de *Toque Quântico — O Poder da Cura*, de Richard Gordon, Madras Editora.

Suas mãos agora possuem toda a energia necessária para curar. No entanto, se começar a cura sem invocar uma fonte superior, você esgotará sua energia rapidamente e ficará ansioso. Isso acontece com muitos curandeiros.

Então, invoque Rafael para que ajude você a curar. Visualize a presença do arcanjo ao seu redor e solicite a permissão dele antes de colocar as mãos na pessoa que busca cura. Na prática, sempre ponho as mãos entre 2,5 e 5 centímetros da pessoa que estou curando. Fazendo isso, posso sentir a energia saindo das palmas das mãos e meus pacientes podem sentir o calor em seus corpos. Tente curar com ou sem o contato das mãos e veja qual método é melhor.

Você precisa enviar amor e cura para seus pacientes. O amor é uma das forças mais poderosas no Universo e contém todos os sentimentos e todas as emoções positivas. O amor elimina ódio, mágoa, estresse, frustração, raiva ou qualquer outra emoção negativa. Ele é a própria cura maravilhosa. Quando aliado à energia divina, é invencível.

Você deve realizar essa forma de cura com regularidade. Várias sessões breves provarão ter mais eficiência do que uma única sessão longa. Você descobrirá que desenvolve seu próprio estilo pessoal enquanto a pratica. Alguns curandeiros conversam a respeito de inúmeros assuntos durante a realização de sua tarefa, ao passo que outros permanecem em total silêncio. Gosto de falar com meus pacientes, pois faz com que eu descubra quaisquer atitudes negativas que precisam ser corrigidas no decorrer da atividade. Posso fazê-lo antes ou durante a cura. Mantenho sempre a mão esquerda com a palma para cima na altura do ombro para receber energia curativa de Rafael, enquanto minha mão direita está entre 2,5 e 5 centímetros do corpo da pessoa com quem estou lidando. Visualizo a energia nascendo por meio de minha intercessão enquanto o faço. Isso significa que sou um puro canal e, consequentemente, não perco energia pessoal. Na verdade, em vez de me sentir vazio, sinto-me estimulado e cheio de energia depois de curar os outros.

Perceba que está transferindo pura energia de cura para seus pacientes. Note que não é a fonte. Trata-se de energia divina e você deve agradecer antes e depois de suas curas pela oportunidade de estar em ação. Você também deve agradecer a Rafael pela ajuda e pela permissão do acontecimento da cura.

Cura Ausente

De maneira ideal, você deveria enviar cura apenas às pessoas que a pedem. As pessoas ficam doentes por várias razões. Uma pessoa que recebe atenção a mais devido a sua doença, por exemplo, não iria querer receber cura, pois está mais feliz assim. É provável que haja momentos ou situações em que você não pode solicitar permissão primeiro e, nesses casos, deve pedir o conselho de Rafael quanto ao envio ou não de energia curativa. Mesmo se enviar não for uma boa ideia, você sempre pode mandar pensamentos de amor e conforto.

Vamos admitir que a permissão foi dada. Há três modos em que a cura pode ser enviada. Você poderia sentar-se tranquilamente, pensar na pessoa e mandar pensamentos curativos. O segundo método supõe que você esteja em contato com seu anjo da guarda. Seu anjo da guarda é especial, foi designado a você antes do nascimento e estará sempre a seu lado. Ele sempre cuida de você e oferecerá ajuda quando requisitado. Ele não impedirá que você cometa erros, ao menos que peça conselho primeiro. Errar é uma das melhores formas de aprender. Caso esteja em contato com seu anjo da guarda, pode pedir que ele envie mensagens curativas ao anjo da guarda da pessoa doente. O método final é contatar Rafael e pedir para que ele mande amor e cura.

Tornando-se um Curandeiro

Nada poderia ser mais importante do que a cura. Se você sentir que a melhor expressão do seu propósito de vida seria curar os outros, deve pedir a ajuda de Rafael para que se torne o melhor curandeiro possível. Rafael o ajudará a encontrar a melhor maneira para que você use seus talentos nessa área. Ele o ajudará para que você ache a melhor modalidade e assegurará a chegada dos professores e contatos adequados. Tendo Rafael como companheiro, não há limite em relação ao que você pode alcançar.

Rafael tem muitas funções. A cura é uma das mais importantes, o que justifica a razão de o arcanjo ser conhecido como o médico divino. No entanto, ele também tem outras tarefas. Uma delas é cuidar do elemento Ar. Trataremos de seu envolvimento com isso no próximo capítulo.

Capítulo 7

Rafael e o Ar

Os antigos acreditavam que o mundo foi criado quando a energia universal combinou os quatro elementos do Fogo, Terra, Ar e Água. Esses elementos eram forças universais e cada um projeta as suas próprias qualidades para o mundo. Durante milhares de anos, tiveram numerosas atribuições associadas a eles, tais como cores, formas e signos diferentes do zodíaco. Gêmeos, Libra e Aquário são os três signos do Ar. Laranja e violeta são as cores associadas ao Ar. Com frequência, o Ar é representado como um círculo. Rafael é o arcanjo mais associado ao Ar.

Os quatro elementos são uma forma fácil de taquigrafia e criam um útil sistema mnemônico. Força de vontade é associada ao Fogo, por exemplo. Intelecto é ligado ao Ar, as emoções são associadas à Água e o corpo físico, à Terra. Considera-se que a Água e a Terra são passivas e femininas, enquanto o Fogo e o Ar são vistos como masculinos e ativos. Ao contrário dos outros elementos, o Ar é invisível. Você não pode capturá-lo ou mesmo segurá-lo, embora o Ar seja essencial para a vida. Ele também sofre mudanças. O Ar pode estar calmo em um momento e depois ser transformado em um intenso furacão.

Pelo fato de Rafael ser associado ao Ar, você pode contatá-lo para fins de ajuda quando necessitar da separação do pensamento e da emoção. Ele pode ajudar a eliminar o estresse e os padrões negativos de pensamento.

Respiração

Uma maneira eficiente de lidar com o elemento Ar é enfocar sua respiração. Você o terá feito muitas vezes nas tentativas que já abordamos.

Sente-se confortavelmente, feche os olhos e enfoque sua respiração. Conte talvez até três enquanto respira. Segure o ar contando até três e depois o solte, contando até três mais uma vez. Escolha o número apropriado para respirar profunda e facilmente. Depois de alguns minutos, você se encontrará flutuando em um estado meditativo e contemplativo.

Pense no elemento Ar e no que ele significa para você. Lembre-se de momentos em que o ar o revigorou ou estimulou. Você poderia lembrar-se de empinar pipa no vento quando era criança. Lembro-me de rir com alegria enquanto corria no vento forte, entre os 3 e 4 anos de idade.

Pense em Rafael e no que já sabe a respeito dele. Pense em sua associação ao elemento Ar e veja como isso se relaciona às suas outras áreas de interesse, tais como criatividade, comunicação, aprendizado, amor e bons momentos. Pode ser que queira contatá-lo nesse momento ou você pode apenas mandar-lhe uma mensagem de agradecimento.

De novo, enfoque em respirar algumas vezes e depois abra os olhos. Interromper sua rotina diária para respirar fundo e devagar várias vezes é uma boa forma de reduzir o estresse e a tensão. Ademais, lembra que a influência de Rafael envolve você o tempo todo.

Cura com sua Respiração

A cura com a respiração em uma parte doente ou ferida do corpo é uma prática muito antiga e pode ser usada como acessório para outros métodos de cura. Antes de começar, respire fundo e devagar várias vezes para encher seu corpo de energia curativa. Gosto de visualizar-me respirando a pura cor verde, pois ela é associada à cura. Quando você sentir que seu corpo está cheio de energia curativa, incline-se perto da parte doente e sopre levemente na ferida. Visualize-a inteira e perfeita de novo. Faça isso duas vezes ao dia por dois ou três minutos até curá-la.

Também pode usar essa técnica, conhecida como insuflação, para encher de energia benéfica algo com que você está lidando. Uma conhecida minha que escreve romances empolgantes sempre sopra energia vermelha em suas páginas antes de começar a escrever. Ela diz que isso a ajuda atingir o humor adequado para escrever os tipos de livros desejados por seu público.

Incenso

A fumaça é outro modo de tornar o elemento Ar visível. Quando a fumaça em rotação forma uma espiral e sobe em direção ao céu, sentimos as qualidades místicas e misteriosas do ar. As pessoas usam incenso em ritos e rituais há milhares de anos para representar o elemento Ar e causar mudanças na consciência. Acreditou-se originalmente que o aroma doce do incenso aceso atraía a atenção dos deuses. Ademais, as pessoas acreditavam que as orações e súplicas seriam levadas até o céu no aroma doce da fumaça. Há muitas referências a isso na Bíblia.[26] A primeira receita mais conhecida de incenso também aparece na Bíblia (Êxodo 30:34). No entanto, os hebreus não foram as primeiras pessoas a utilizar incenso para esses propósitos. É provável que eles aprenderam a partir dos sumerianos, babilônicos, caldeus, egípcios e habitantes de Canaã. No antigo Egito, a produção de incenso foi considerada uma arte tão importante que apenas sacerdotes especializados e altamente treinados podiam produzi-lo. O olíbano foi queimado ao nascer do Sol, a mirra, ao meio-dia, e *kyphi*, ao pôr do sol, a fim de celebrar o progresso do deus-sol Rá enquanto ele passava o dia.

---

26. Êxodo 30:1, 30:27-34, 37:29; Levítico 2:1-10, 10:1, 16:13; Números 16:46; Lucas 1:9.

O incenso foi usado em Delfos. O oráculo estaria cercado por fumaça e isso o ajudou a entrar no estado de transe necessário para fazer suas previsões. Embora ninguém saiba exatamente o que foi queimado em Delfos, as pessoas sugerem folhas de estramônio e de louro. Elas certamente ajudariam a criar o estado de mudança adequado.

O incenso pode ser comprado para muitos propósitos. Aqui estão algumas sugestões de ervas que podem ser usadas com o intuito de criar incensos para vários objetivos diferentes:

Adivinhação: anis-verde, alteia, manjericão, cássia, cedro, canela, cinco-folhas, coriandro, olíbano, lavanda, lilás, artemísia, rosa, erva-de-são-joão,* sândalo, tomilho, valeriana, absinto, milefólio, teixo.

Amor: pimenta-da-jamaica, âmbar gris, angélica, anis-verde, opobalsameira, manjericão, bergamota, cássia, cereja, camomila, cinco-folhas, cravo, coriandro, endro, sangue-de-dragão, sabugueiro, funcho, gengibre, *ginseng*, madressilva, jasmim, lavanda, erva-cidreira, lilás, mandrágora, tagetes, manjerona, ulmária, visco, agripalma, almíscar, murta, laranja, orquídea, orégano, íris, hortelã-pimenta, tanchagem, prímula, rosa, alecrim, salva, sândalo, hortelã, estragão, tomilho, valeriana, vetiver-da-índia, violeta, glicínia, absinto, milefólio.

Confiança: funcho, alho, almíscar, carvalho, alecrim, erva-de-são-joão, estragão, tomilho, curcuma.

Cura: aloés, freixo, camomila, canela, eucalipto, funcho, alho, manjerona, hortelã, urtiga, cebola, pinheiro, alecrim, sorveira brava, açafrão, salva, sândalo, tomilho, salgueiro, milefólio.

Espiritualidade: canela, trevo, olíbano, mirra, sândalo.

Intuição: louro, folhas de loureiro, canela, prímula silvestre, sabugueiro, eufrásia, aveleira, hissopo, lavanda, tagetes, artemísia, noz-moscada, carvalho, rosa, tomilho, absinto, milefólio.

---

*N.E.: Sugerimos a leitura de *Erva-de-são-joão — O Antidepressivo Natural*, Hyla Cass, Madras Editora.

Meditação: acácia, camomila, olíbano, jasmim, salsa, salva, sândalo, tomilho, verbena.

Paz: aloés, camomila, gardênia, lavanda, violeta.

Prosperidade: agrimônia, anis-verde, camomila, cássia, canela, trevo, dente-de-leão, sangue-de-dragão, olíbano, madressilva, lavanda, tília, tagetes, ulmária, visco, almíscar, mirra, noz-moscada, laranja, hortelã-pimenta, rosa, alecrim, erva-de-são-joão, sândalo, hortelã, selo-de-salomão, girassol, vetiver-da-índia, pirola, milefólio.

Proteção: acácia, aloés, angélica, anis-verde, opobalsameira, manjericão, betônica, alcaravia, camomila, cássia, canela, cinco-folhas, cravo, coriandro, endro, sangue-de-dragão, funcho, feto, alho, espinheiro, azevinho, hissopo, hera, lavanda, verbena, limão, lilás, mandrágora, manjerona, ulmária, artemísia, cebola, congorsa, rosa, alecrim, sorveira-brava, salva, erva-de-são-joão, sândalo, verbena, hamamélis, absinto.

Purificação: anis-verde, benjoim, betônica, cinco-folhas, sangue-de-dragão, funcho, olíbano, hissopo, lavanda, limão, pinheiro, alecrim, sândalo, tomilho, valeriana, verbena.

Purificação de Lugar Sagrado: canela, cravo, pinheiro, tomilho, verbena.

Rafael: semente de anis, manjericão, cássia, canela, cravo, damar, endro, eufrásia, aveleira, verbena-limão, lilás, manjerona, hortelã, noz-moscada, hortelã-pimenta, sândalo, estoraque, verbena.

Sabedoria e Conhecimento: angélica, opobalsameira, manjericão, cássia, canela, alho, alecrim, salva, selo-de-salomão, girassol, tomilho, absinto, milefólio.

Sonhos Agradáveis e Proteção durante o Sono: camomila, gatária, jasmim, verbena-limão, tagetes, artemísia, noz-moscada, hortelã-pimenta, prímula, hortelã, girassol.

Sucesso: angélica, manjericão, cedro, canela, olíbano, gengibre, urze, erva-cidreira, verbena-limão, tagetes, visco, mirra, rosa, sorveira-brava, erva-de-são-joão, selo-de-salomão.

Há muitos livros disponíveis que podem ensinar como fazer seu próprio incenso.[27] Ou você pode preferir comprá-lo. Incensos em forma de cone e de bastão podem ser adquiridos para uma ampla variedade de propósitos e são fáceis de encontrar.

Você pode querer acender incenso enquanto medita ou quando contata Rafael. Pode passar objetos através da fumaça de um incenso apropriado para impregná-lo com as qualidades que deseja. Se quisesse mais dinheiro, por exemplo, poderia passar um pequeno objeto relacionado a esse propósito por meio da fumaça produzida por um incenso de prosperidade, a fim de criar um poderoso talismã que atrairia fartura. Você também pode usar incenso para eliminar energias indesejadas. Use um incenso forte ou ígneo para tal e visualize-o levando crenças ou atitudes indesejadas para longe. Uma vez que o fez, você deve então acender outro incenso com as qualidades que quer para ter coragem. Naturalmente, pode acender incenso a qualquer momento. Isso lembrará que Rafael sempre está próximo e, ao mesmo tempo, permitirá que você tire proveito dos benefícios adicionais que determinado incenso oferece.

Pot-pourri

Nem todos gostam de incenso e o *pot-pourri* torna-se um substituto eficaz. É um pequeno pote que fica debaixo da chama de uma vela. O *pot-pourri* pode ser encontrado em lojas de importados e de presentes. Coloque água no pote e acrescente algumas ervas. Acenda a vela e espere que a água evapore devagar, enchendo o ar de aroma suave. Consequentemente, isso cria condições perfeitas para qualquer trabalho envolvendo Rafael, porque os quatro elementos

---

27. Achei úteis os seguintes livros: *The Complete Book of Incense, Oils and Brews,* Scott Cuningham (St. Paul, MN: Llewellyn Publications, 1989), *Wylundt's Book of Incense,* Steven R. Smith (York Beach, ME: Samuel Weiser, Inc.,1989) e *Incense: It´s Ritual Significance, Use, and Preparation,* Leo Vinci (Wellinborough, UK: Aquarian Press, 1980).

estão incluídos. A Água vem do pote; o Fogo, da vela; a Terra, das ervas; e o Ar é produzido enquanto a água evapora. Os três elementos se combinam para produzir o elemento Ar de Rafael.

Voz e Som

"No princípio era o Verbo" (João 1:1). Essa citação demonstra que, na tradição judaico-cristã, o Verbo era sinônimo do ato da criação e as palavras podem criar. As palavras sempre são consideradas poderosas, pois a famosa história hebreia do golem mostra isso. Um rabino fez um homem de barro e lhe deu vida escrevendo um nome sagrado em sua testa. Infelizmente, o golem ficou fora de controle. O rabino mudou uma letra do nome sagrado para que fosse lido "morte". O golem morreu na hora.

Na tradição muçulmana, Maomé ouviu uma voz enquanto meditava em uma caverna. Essa voz lhe disse que se tornaria o líder religioso de seu povo. No decorrer do tempo, essa voz ditou-lhe o *Alcorão*. Os muçulmanos acreditam que essa voz era a do arcanjo Gabriel.

Som é energia e a palavra falada envia vibração de energia por meio do elemento Ar de Rafael. Significa que sua voz é uma ferramenta eficiente que aumenta a comunicação com Rafael. Obviamente, sua voz é conectada ao elemento Ar e as palavras possuem um forte potencial de forma inacreditável. Todas as vezes que fala, você manda a mensagem por meio do ar. Você pode usar isso para obter uma relação mais próxima com Rafael.

O canto é uma maneira poderosa de criar energia física e espiritual. Foi também usado por muitas religiões como forma de alcançar um estado de mudança de consciência. Na verdade, essa é a origem da palavra encanto. Alguém ou algo se torna encantado pelo canto. Os místicos hebreus, por exemplo, usam os nomes secretos de Deus, enquanto os seguidores do Islã cantam os 99 nomes de Alá. Os mantras são normalmente cantados no Oriente. Considera-se que o *Om* (ou "aum") é a voz do Universo.

Gosto de escutar os CDs de canto gregoriano e toco sempre esses CDs para outras pessoas, pois elas podem entender o que é realmente o canto. Isso também ajuda a entenderem a técnica. Escutar cantos é terapêutico e agradável, mas você vivencia muitíssimo mais quando participa.

Sussurrar é uma técnica eficiente de produzir sons sem palavras. Tudo no Universo tem sua própria nota especial. Saber disso permite aos afinadores curar os outros, criando a nota adequada para as pessoas com as quais estão lidando.

Todos os sons que você produz são recebidos pelo elemento Ar. Portanto, todas as vezes que canta ou sussurra, você está enviando uma mensagem a Rafael. É provável que sejam mensagens positivas, pois muitas pessoas cantam somente quando estão se sentindo felizes. Usar tambor, bater palmas e tocar um instrumento musical têm o mesmo efeito.

A expressão "música das esferas" se relaciona às vozes celestiais ouvidas pelas pessoas sagradas durante um estado de transe ou êxtase. Na Bíblia, lemos: "Depois destas coisas, olhei, e eis que estava uma porta aberta no céu; e a primeira voz que, como de trombeta, ouvira falar comigo, disse: 'Sobe aqui, e mostrar-te-ei as coisas que depois destas devem acontecer'" (Apocalipse 4:1). Naturalmente, a música das esferas também inclui as vozes dos anjos. "E olhei, e ouvi a voz de muitos anjos ao redor do trono" (Apocalipse 5:11). Os anjos são sempre representados tocando harpas. Essa tradição poderia bem ter acontecido como consequência de que as pessoas os ouvem tocar.

Há pouco tempo, eu estava falando com uma professora de piano. Ela me disse que sempre notava de relance a presença de um anjo quando um de seus alunos tocava piano. Quis saber por que via o anjo apenas quando esse determinado aluno tocava. Ademais, pensou que poderia ser sua imaginação. A aparição angelical era real. No decorrer dos anos, falei com muitas pessoas que viram anjos quando uma música bonita era tocada. Também pensei que a razão de a professora ver anjos quando esse aluno tocava era por que ele se perdia completamente na música. Na verdade, ele estava enviando uma oração para o céu todas as vezes que tocava.

Fazer orações em voz alta também exercita sua voz. Pode não ser possível fazê-lo o tempo todo, mas esta pode ser uma experiência enriquecedora. Muitas pessoas descreveram um sentimento de ligação mais próximo com o Divino quando expressaram suas orações em voz alta.

Existem muitos conceitos errados acerca de orações. Você pode rezar a qualquer hora e lugar. Oração é uma conversa com o Arquiteto do Universo. Às vezes, pode parecer uma conversa unilateral e não é surpreendente quando você pensa que muitas pessoas rezam apenas ao querer algo. As orações devem incluir agradecimentos pelas bênçãos em sua vida e pelas oportunidades que você tem para crescer e se desenvolver. Você também deve falar normalmente. Não há necessidade de fazer as suas orações de maneira muito formal e educada.

No Tibete, muitas pessoas usam rodas e bandeiras de oração. Ambas usam o elemento Ar. O vento sopra os mantras escritos nas bandeiras para o Universo. Os mantras também são escritos em rolos de papel, consagrados por um lama e colocados dentro de uma roda de oração. Depois, essa roda é girada, movimentando o elemento Ar. Girar a roda não é considerado tão eficiente quanto dizer palavras em voz alta. O ato precisa então ser repetido muito mais vezes para ser eficiente. Acredita-se que os mantras possuam forte energia, mas, por serem difíceis de controlar, muitos tibetanos preferem usar rodas e bandeiras de oração.

Carrilhões podem ser acessórios úteis para a casa, pois eles sempre lembram Rafael e o elemento Ar.

Glossolalia

Glossolalia significa "falar línguas". Em geral, ocorre quando o orador está em um estado elevado de consciência e nem sempre sabe o que está acontecendo. Por usar a voz, esse fenômeno é relacionado a Rafael e você pode usá-lo para receber mensagens do reino angelical. No entanto, como você pode não saber o que aconteceu, vale a pena ter um acompanhante para gravar a sessão ou tomar notas.

Sente-se ou ajoelhe-se em seu lugar sagrado, feche os olhos e relaxe. No olho da mente, veja sua existência em vários planos diferentes ao mesmo tempo. Pense em seu corpo físico preso à terra. Preste atenção ao seu corpo mental que permite pensar e criar. Você tem um corpo emocional que o deixa ter sentimentos. Seu corpo intuitivo possui sensações e seu corpo espiritual é uma parte integral do divino.

Enquanto pensa nisso, fique ciente de cada um desses corpos e perceba como você é especial. Você pode alcançar qualquer coisa que quiser e seu objetivo agora é comunicar-se com Rafael.

Comece a cantar o nome Rafael, usando uma nota diferente para cada sílaba. Pronuncie: Ra-fa-el. Continue cantando as mesmas três notas repetidas vezes. Você notará que os sons ecoam pelo seu corpo enquanto o faz, estimulando e revitalizando todas as células. Muitas pessoas ficam emocionadas inesperadamente durante o ato. É perfeitamente natural e não há necessidade de se preocupar caso isso ocorra.

Depois de um momento, você saberá que está em um estado alterado. Até agora, você não deve ter consciência de que ainda canta as mesmas três notas repetidamente. De repente, você parará de cantar e começará a falar em uma língua estranha. É improvável que você mesmo esteja ciente disso. O ocorrido terminará tão de repente quanto começou e você voltará a si de novo.

Respire fundo e devagar algumas vezes para se concentrar e depois abra os olhos. Embora não possa saber o que aconteceu, você se encontrará cheio de energia espiritual. Esse é um dom de Rafael.

Estenda os braços e agradeça a Rafael sinceramente pela bênção em você. Quando se sentir pronto, levante-se e siga seu dia.

Afirmações

Afirmações são sugestões positivas deliberadamente implantadas no subconsciente para alcançar certos objetivos. Consistem em pequenos ditados que são repetidos diversas vezes até o subconsciente aceitá-los como fato. Uma vez que isso ocorre, o consciente da pessoa começa a agir e as mudanças benéficas acontecem de maneira automática.

Elas mostram como é importante pensar positivo. Enquanto vivemos, adquirimos atitudes e crenças de outras pessoas. Estas atitudes e crenças sempre nos prendem mais tarde. Se seus pais tiveram uma atitude negativa em relação ao dinheiro, por exemplo, é provável que você faça o mesmo. Isso significa que você está subconscientemente sabotando a si próprio. O remédio é mudar suas crenças acerca de dinheiro. Temos de cinquenta a sessenta pensamentos por dia, e, na maior parte das vezes, não temos ideia de quantos são positivos e negativos. As afirmações fazem com que tomemos controle e coloquemos pensamentos positivos em nossas mentes.

Você pode repetir suas afirmações em silêncio ou em voz alta. É melhor dizê-las em voz alta quando for possível, pois envolve o elemento Ar e também faz com que você as ouça, trazendo outra sensação para o processo. Obviamente, isso não é sempre possível. Sempre digo afirmações para mim mesmo enquanto estou na fila do banco ou no supermercado. Nessas ocasiões, repito-as para mim mesmo em silêncio.

As afirmações devem ser expressas no presente do indicativo como se você já tivesse o que está procurando. Aqui estão algumas afirmações que considero úteis:

"Estou em sintonia com o Universo."
"Gosto de um relacionamento próximo e amoroso com Rafael".
"Sou uma pessoa amorosa e carinhosa".

"Tenho fartura em todas as áreas da minha vida".
É importante que você se sinta confortável com suas afirmações. Caso não acredite que já poderia ter fartura em todas as áreas de sua vida, você enviará esse pensamento ao seu subconsciente durante a afirmação. Tal pensamento não vai fazer bem, até que mude suas principais crenças.

Se você estiver incerto acerca de qualquer afirmação, repita-a várias vezes para si mesmo. Enquanto a ouve, veja o que seu corpo está dizendo. Você pode sentir uma sensação de desconforto, tal como um aperto no peito ou nó na garganta. Esse é o modo de o seu corpo exprimir a infelicidade com a afirmação. Passe algum tempo pensando no motivo pelo qual este poderia ser o caso e depois a diga de novo. Não reaja ou responda positivamente. Uma vez que alcance esse ponto, você será capaz de dizer a afirmação e saber que ela está tendo efeito no seu subconsciente.

Você deve repetir suas afirmações sempre que possível. Tente cantá-las e dizê-las. Coloque ênfase em palavras diferentes. Sussurre-as e invoque-as. Desfrute do processo e lembre-se de que Rafael sabe o que você está fazendo e desempenhará um papel ativo em ajudar para alcançar seus objetivos.

Se quiser, pode convidar Rafael para ficar junto com você enquanto diz suas afirmações. Relaxe em seu lugar sagrado e, quando se sentir pronto, peça a companhia de Rafael. Fale de seus planos. Explique cada afirmação e a razão pela qual você a usa. Diga quais mudanças pretende realizar em sua vida e peça a ajuda de Rafael para torná-las realidade.

Depois disso, feche os olhos e diga suas afirmações com a maior energia e entusiasmo possíveis. Sinta o efeito que cada afirmação está tendo sobre você enquanto a diz. Cante algumas, fale umas em vozes alegres, entoe outras e enfatize palavras diferentes. Quando acabar de fazê-lo, você se sentirá totalmente revitalizado e capaz de conseguir qualquer coisa.

Quando terminar, peça pela presença de Rafael. O que quer que ele sugira será útil. Ele pode pensar que você está fazendo um excelente trabalho e deve continuar da maneira como está.

Ele pode sugerir que mude o fraseado de determinada afirmação ou que você tire uma afirmação e a substitua por outra.

Discuta o que quiser com Rafael e depois agradeça. Obviamente, você não será capaz de ter tais atitudes todas as vezes que fizer suas afirmações, mas notará que seu progresso é mais fácil e sem obstáculos quando Rafael está ativamente envolvido.

Não espere resultados imediatos com suas afirmações. Você está plantando sementes em seu subconsciente e precisa continuar a repeti-las diversas vezes. No devido tempo, elas serão aceitas pelo subconsciente e você levará a vida com a qual sempre sonhou.

Meditação de Mantra

Mantras são palavras sagradas tiradas das antigas escrituras védicas. Quem fala essas frases está repleto do poder e da intenção delas. Isso acontece de várias maneiras. Em primeiro lugar, o significado literal da frase é aceito pela pessoa que a diz. As vibrações criadas no corpo enquanto o mantra está sendo recitado têm um efeito profundo sobre o estado espiritual, emocional, mental e físico da pessoa. Por fim, é claro que há um elemento mágico. Esta é a intenção subjacente a todos os mantras.

Om mani padme hum é o mantra mais conhecido no Ocidente. A tradução literal é: "Salve, joia do lótus". No entanto, é muito mais do que isso. *Mani* significa algo precioso, que inclui uma mente iluminada. *Padme* representa a flor de lótus, porém, de forma mais importante, indica também um despertar espiritual. *Om* representa a consciência cósmica universal. Isso significa que o corpo, a mente e o espírito estão representados nesse único mantra. Na tradição budista, o lótus (*padma*) significa o nosso próprio coração e vivendo nela está a joia (*mani*), isto é, Buda. Em Singapura, esse mantra significa "Que possa haver paz no mundo".

Om é pronunciado como "aum". Por essa palavra começar na parte mais profunda da garganta e terminar com os lábios fechados, ela se refere a alfa e ômega, ao começo e ao fim. *Mani* é pronunciado como "mah-nee"; *padme,* como "pahdmay"; e, *hum,* como "haum". Você diz esse mantra respirando longa e profundamente. *Om* é dito durante a primeira metade da exalação do ar, seguido por *mani padme* e *hum* comprido no final.

Você deve sentir uma vibração forte, quase como *hum,* passando ao dizer esse mantra. Enquanto você o repete diversas vezes, sentirá aos poucos que está em contato com o infinito. Esse é o propósito dos mantras. Você obtém uma sensação de paz e de alegria, enquanto, ao mesmo tempo, está aos poucos cada vez mais perto da força da vida universal.

On mani padme hum pode ser usado para qualquer propósito importante, mas há numerosos mantras que são pretendidos para determinados objetivos.[28] Os mantras funcionam porque as vibrações dos sons no sistema nervoso causam efeitos benéficos na pessoa que os recita.

Na Índia, cada mantra tem de ser recitado certo número de vezes. As pessoas usam terços, semelhantes a rosários, para ajudá-las a fazer isso. Cada terço contém 108 contas. Cada uma é um pouco maior do que as outras. Essa conta é conhecida como a conta de Guru. Como a conta de Guru nunca pode ser cruzada, a pessoa que recita o mantra para depois de 108 repetições ou começa voltando na direção oposta.

Fui perguntado como a recitação de um mantra oriental, como o *Om mani padme hum,* pode ajudar um ocidental a obter uma ligação mais próxima com Rafael. Tirando o fato de que Rafael quer ajudar qualquer pessoa, não importa onde eles possam viver no mundo ou qual é a procedência deles, os mantras usam o elemento Ar. Portanto, não importa se você diz uma afirmação, oração ou mantra, Rafael ouvirá.

---

28. Uma variedade de mantras pode ser encontrada em: *Write Your Own Magic,* de Richard Webster (St. Paul, MN: Llewellyn Publications, 2001), e *Practicals of Mantras and Tantras,* de L.R. Chawdhri (New Delhi, India: Sagard Publications, 1985).

O som desempenha um papel importante em muitas disciplinas espirituais. *Nada yoga* (Yoga de Som Espiritual), por exemplo, é meditação de som e usa mantras para enfocar a mente.

Como Enviar Mensagens Escritas a Rafael

Na obra *Write Your Own Magic*, comentei que um idoso escreveu seus pedidos no papel com tinta invisível e depois os arremessou para o ar do topo de uma montanha sagrada.[29] Conversei com ele, assim que percebi que ele arremessou seus dardos nos quatro pontos cardeais. Ele também murmurou algumas palavras para si próprio enquanto os atirava para o ar. Brincava com tinta invisível quando era criança, mas nunca me viera à mente usá-la quando envio mensagens para o reino angelical. Obviamente, eu não iria querer que outras pessoas lessem minhas mensagens para Rafael e, quanto mais pensava nisso, mais lógico se tornava.

Tentei em um parque perto de casa. Escrevi três mensagens, usando diferentes formas de tinta invisível para cada uma. Usei leite para uma, suco de limão para outra e uma tinta invisível feita comercialmente para a terceira. Depois, transformei os pedaços de papel em dardos e fui ao parque em uma quarta-feira de manhã bem cedo. Olhei para o leste e, logo que amanheceu, arremessei os dardos para o ar com uma breve bênção. Agora você saberá por que escolhi o dia, o tempo e a direção. Quarta-feira é o dia de Mercúrio, que se relaciona a Rafael. O amanhecer é a hora do dia referente ao elemento Ar. O leste é a direção de Rafael. Senti que isso proporcionou o melhor começo possível para minhas preces.

Eu estava em pé em um pequeno morro e uma leve brisa pegou os dardos imediatamente. Antes de aterrissarem na grama, eles voaram e dançaram por um momento. Dois dardos aterrissaram cerca

---

29. Richard Webster, *Write Your Own Magic*, p. 106.

de 9 metros longe de mim, porém o terceiro viajou para mais de 27 metros e parou apenas quando uma sebe o capturou.

Fiquei entusiasmado em mandar mensagens para Rafael dessa maneira, mas, na mesma hora, tive um novo problema. Deveria deixar os dardos no local em que aterrissaram ou pegá-los para colocar em uma lata de lixo? Não gosto de lixo espalhado no chão e tento sempre deixar os lugares que visito em condição melhor do que estavam quando cheguei.

Comprometi-me em pegar os dardos e levá-los para casa. Meus pedidos para Rafael referiam-se a um projeto criativo no qual eu trabalhava, que se mostrou muito mais difícil do que esperava. Quase esqueci desse pedido, pois estava ocupado com vários projetos. Em uma noite, algumas semanas depois, notei que os dardos estavam na prateleira em meu escritório. Imediatamente, percebi que terminara o projeto que me causava dificuldade. O trabalho foi tão fácil depois do envio de minha mensagem a Rafael que esqueci totalmente de como ele havia sido difícil. Na hora, enviei uma mensagem de agradecimento para Rafael.

Desde então, mando muitas mensagens a Rafael dessa maneira. Ainda pego meus dardos quando possível e os levo de volta para casa. Em muitas ocasiões, o dardo levantava voo e deixa o parque, tornando-se impossível encontrá-lo. Nesses momentos, fico grato de que ainda escreva minhas mensagens com tinta invisível.

Isso abrange algumas das diferentes maneiras com que você pode contatar Rafael usando seu elemento. No próximo capítulo, trataremos das pedras preciosas relacionadas a Rafael e veremos como podem ser usadas para aumentar nosso relacionamento com ele.

Capítulo 8

Rafael e os Cristais

As pessoas sempre souberam da cura e dos poderes sagrados dos cristais. Os cristais são mencionados muitas vezes na Bíblia. Aarão, o primeiro sumo sacerdote de Israel, usou um peitoral religioso com 12 grandes pedras preciosas. Em cada uma foi gravado o nome de uma das 12 tribos de Israel (Êxodo 28:15-30). Essas pedras continham atributos misteriosos e milagrosos. Quando São João, o Apóstolo, descreveu uma "Nova Jerusalém", citou que os alicerces das muralhas "eram ornados de toda espécie de pedras preciosas" (Apocalipse 21:19).

Ademais, os cristais são muito importantes em todas as outras religiões. Eles são mencionados no *Talmude* e no *Alcorão*. Os *Puranas Hindus* descrevem uma maravilhosa cidade enfeitada de joias, chamada Dwaraka, onde o Deus Krishna pôde receber seus visitantes. Os antigos egípcios consideraram as pedras preciosas como parte integral de suas vidas espirituais.

Os cristais colocados em seu altar estimularão visitas angelicais. As vibrações de cristais diferentes incitam a comunicação com o reino angelical, dando-nos acesso ao discernimento, ao conhecimento e à cura. Considera-se que três cristais, celestina, angelita e selenita, são úteis principalmente ao contatar os reinos angelicais. O quartzo rutilado também é importante, pois parece conter fios enrolados de cabelo angelical. Por isso, o quartzo rutilado é sempre conhecido como cabelo angelical.

Rafael é atraído por muitos cristais. Qualquer cristal ou pedra preciosa clara, dourada, azul, amarela, branca ou verde o agrada.

A melhor maneira de encontrar o(s) cristal(is) adequado(s) para você é procurá-lo(s) em uma loja de cristais ou em qualquer outro lugar em que cristais e pedras preciosas são vendidos. Você notará que certas pedras preciosas respondem ao seu toque, enquanto outras não têm qualquer efeito sobre você. Segure a maior quantidade de cristais que puder. Alguns falarão com você virtualmente, ao passo que outros podem não responder. Quando você segurar cada um, pergunte como usaria melhor esse determinado cristal. Faça isso calmamente. Às vezes, você receberá uma resposta imediata em sua mente, enquanto, em outras vezes, pode sentir que deveria comprar essa determinada pedra, embora não tenha ainda pensado em algum uso específico para ela.

Talvez você queira visitar a loja várias vezes antes de realizar a compra. Escolha pedras que se comuniquem com você. Terá mais sucesso com elas do que com cristais que foram escolhidos apenas porque pareceram atrativos.

Uma vez que compre o cristal, você precisará purificá-lo antes de usar. Isso remove energias negativas que ele pode ter adquirido. A maneira mais fácil de fazer isso é lavá-lo em água salgada. Se você morar perto do oceano, poderá utilizar água do mar. No entanto, sal de cozinha e água da torneira também funcionam. Dado que você lavou seu cristal, deixe-o fora de casa para secar naturalmente nos raios ultravioleta presentes durante o dia e à noite.

Outra maneira eficaz de purificar seu cristal é enterrá-lo por 24 horas. Se você morar em um apartamento, pode ser que queira enterrá-lo em um vaso de planta.

Pedras Preciosas Curativas de Rafael

Verde é a cor da cura. Traz harmonia, equilíbrio, alegria, serenidade e paz mental. Você se lembra dos sentimentos e sensações que vivenciou quando andou pelo raio verde do arco-íris? É provável que resgate esses sentimentos ao lidar com as pedras preciosas verdes. Você deve usar qualquer pedra preciosa verde de seu agrado quando pedir a cura de Rafael. Aqui estão algumas das pedras preciosas mais comumente usadas para esse propósito.

Aventurina

Aventurina, sempre de cor verde, é um membro da família do quartzo com inclusões brilhantes de hematita ou mica. Sempre foi considerada uma pedra útil para ser carregada ou usada em momentos de grande mudança emocional. Liberta do estresse, da ansiedade e do medo, enquanto aumenta os sentimentos de independência, de segurança e de confiança.

Crisópraso

Crisópraso é uma calcedônia translúcida cor de maçã-verde. Foi encontrada nas joias das múmias egípcias, mostrando que suas propriedades especiais são reconhecidas há milhares de anos. É a décima pedra — mencionada por São João — que estava nos alicerces da Nova Jerusalém (Apocalipse 22:20). Alberto Magno alegou que Alexandre, o Grande, usou um crisópraso em seu cinto. Aparentemente, enquanto Alexandre voltava de sua campanha indiana, ele se banhou no rio Eufrates. Deixou o cinto com suas outras roupas e uma serpente pegou a pedra com a boca e a jogou no rio. Até o crédulo Alberto Magno concordou que isso poderia ser uma fábula.

Muitas qualidades foram atribuídas ao crisópraso. Em uma época, acreditou-se que se uma pessoa condenada colocasse um crisópraso na boca, escaparia da morte porque a pedra a tornaria invisível. O crisópraso sempre foi associado aos olhos. Camillus Leonardus escreveu: "Sua virtude principal é cuidar da visão. Ele proporciona aplicação em bons trabalhos; bane a cobiça".[30] Seus atributos cresceram com o decorrer dos anos e hoje acredita-se que o cristal aumenta o discernimento, o autoconhecimento e a percepção daqueles que o usam. Ele estimula a imaginação

---

30. Camillus Leonardus, citado em *History and Mystery of Precious Stones,* William Jones (London, UK: Richard Bentley and Son, 1880), p. 31.

e permite que a pessoa saiba de seu potencial oculto. É calmante e cura os corpos emocional e físico. Também pode libertar as pessoas de seus vícios.

O crisópraso foi introduzido na Europa durante as Cruzadas e muitas pessoas pensaram que ele era o Santo Graal. Alguns dos exemplos mais notáveis do crisópraso datando dessa época podem ser vistos no Tesouro dos Três Reis Magos na Catedral em Colônia, no oeste da Alemanha.

Esmeralda

Esmeralda é uma forma verde-brilhante do berilo. É a pedra preciosa de maio, pois a cor verde-brilhante simboliza a primavera e o renascimento trazidos por essa estação. Alguns registros mostram que as esmeraldas eram vendidas nos mercados da Babilônia há 6 mil anos.[31] Cleópatra usou esmeraldas que vieram de sua própria mina no Baixo Egito. Os antigos egípcios acreditavam que essa pedra aumentava o amor e estimulava a fertilidade. Aristóteles escreveu que as esmeraldas causam o crescimento da sensação de importância do dono nos negócios, asseguram sucesso em processos judiciais e litígios e também confortam os olhos. Damigeron, um mago romano, escreveu no século II a.C.: "A esmeralda exerce influência em todos os tipos de negócios e, se você permanecer virtuoso enquanto a usa, ela adiciona substância ao corpo e ao discurso".[32]

Tradicionalmente, acredita-se que as esmeraldas aumentam o intelecto, melhoram a memória e purificam os pensamentos. Ademais, as esmeraldas são vistas como amuletos de proteção e desviam energias negativas para o lugar de origem. São enriquecedoras e também dão discernimento para o futuro. Sonhar com esmeraldas foi considerado certo sinal de fama e sucesso mundial no futuro.

As esmeraldas sempre foram associadas ao amor, à bondade e à honestidade. Exigem essas qualidades da pessoa que está realizando cura com elas.

---

31. Bruce G. Knuth, *Gems in Myth, Legend and Lore* (Thornton, CO: Jewelers Press, 1999), p. 77.
32. Damigeron, traduzido por Patricia P. Tahil, *De Virtutibus Lapidum: The Virtues of Stones* (Seattle, WA: Ars Obscura, 1989), p. 14.

Jade Verde

Na China, o jade é conhecido como "a essência concentrada do amor". Uma borboleta feita de jade simboliza um casamento longo e feliz. Uma lenda antiga conta que um jovem entrou acidentalmente no jardim de um rico mandarim enquanto caçava uma borboleta. Ele esperava ser castigado, mas, em vez disso, encontrou a filha do mandarim e se casou com ela mais tarde. É por isso que os jovens na China sempre dão uma borboleta de jade como presente para suas noivas. O jade verde sempre foi apreciado no Oriente e a mais antiga peça conhecida por um imperador na China foi um terço de jade.

Os antigos exploradores espanhóis da América Central e da América do Sul levaram o jade para a Europa e também deram inadvertidamente o nome "jade" para nós. O jade provém de *piedra de hijada*, que significa "pedra do flanco". Eles o chamaram assim depois de ter descoberto que o povo local usava a pedra como cura para doenças renais. Hoje em dia, ainda é utilizado para ajudar na cura de todos os problemas do abdome inferior, incluindo os renais. Ademais, atrai fartura.

Jaspe Verde

O jaspe é uma pedra translúcida encontrada em todo o mundo. É sempre vermelho, amarelo, marrom, verde ou azul. O famoso físico Cláudio Galeno (130-201 d.C.) escreveu que "o jaspe verde traz benefícios ao peito, se estiver junto a ele".[33] Andreas, bispo do século X de Cesareia, escreveu: "O jaspe, que possui a mesma cor esverdeada da esmeralda, talvez signifique São Pedro, chefe dos apóstolos. Ele sofreu tanto pela morte de Cristo em seu íntimo que seu amor por Ele foi sempre vigoroso e vivaz. Pela sua fé fervorosa, tornou-se nosso pastor e líder".[34]

Tradicionalmente, acredita-se que o jaspe verde promove a confiança e a autoestima, e aumenta o amor, a afeição e a consciên-

---

33. William Jones, *History and Mystery of Precious Stones*, p. 35.
34. Andreas, citado em *The Curious Lore of Precious Stones,* de George Frederick Kunz (New York, NY: J.B. Lippincott Company, 1913), pp. 311-312.

cia intuitiva. É uma pedra fundamental, importante para segurança, sobrevivência e bem-estar.

As Pedras de Rafael para Criatividade

Você pode utilizar qualquer pedra preciosa amarela, laranja ou dourada quando for usar Rafael para aumentar sua criatividade e memória ou aprender alguma habilidade.

Âmbar

O âmbar é a resina fossilizada e endurecida do pinheiro e foi criado há cerca de 50 milhões de anos. As obras de arte tridimensionais mais antigas no norte da Europa foram esculpidas com âmbar e têm por volta de 9 mil anos. Há muitas teorias em relação a sua origem. O político grego Nicias (???-413 a.C.) pensou que a pedra era a essência dos raios do sol que desapareciam enquanto o sol se punha no mar.

O âmbar foi originalmente considerado uma pedra curativa e era ecomendado para praga, impotência, vertigem e doenças cardíacas, e para estancar sangue. Na época medieval, as pessoas achavam que ele poderia revelar a presença de veneno. Considerava-se que qualquer mudança na cor era um sinal de perda de afeição. No século XVI, Leonardus alegou que, se o âmbar fosse "deixado no seio esquerdo de uma mulher casada quando ela adormece, ele faria com que confessasse todos os seus maus atos. Para descobrir se uma mulher foi adúltera, deixe o cristal na água por três dias. Depois, deixe o cristal ser mostrado a ela. Se for culpada, ele a fará produzir água imediatamente".[35]

Hoje, o âmbar é considerado um símbolo de fidelidade marital. Faz com que homens e mulheres expressem facilmente seus lados

---

35. Camillus Leonardus, *The Mirror of Stones: In Which the Nature, Generation, Properties, Virtues and Various Species of more than 200 Different Jewels, Precious and Rare Stones are Distinctly Described* (London, UK: J. Freeman, 1750), p. 228. Originalmente publicado como *Speculum Lapidum* (Venice, Italy, 1502).

femininos. Acredita-se que ele purifica a mente, o corpo e o espírito, enquanto retira e elimina a negatividade. Ademais, aumenta a lembrança de vidas passadas, concentração e memória.

Berilo

Nos tempos romanos, o berilo era a pedra preciosa do amor jovial, prometendo grandes coisas para os amantes que o utilizavam. Foi também considerado excelente para doenças dos olhos. O olho atingido devia ser lavado com a água que teve o berilo imerso nela.

No século XIII, Arnoldus Saxo escreveu que o berilo era uma forma útil de proteção em batalhas. "Aquele que usava o berilo tornava-se invencível e, ao mesmo tempo, bondoso, enquanto ele foi curado da preguiça e seu intelecto foi estimulado."[36]

Na Idade Média, o berilo foi conhecido como pedra de oráculo. Um método era usar a pedra suspensa em um fio, como um pêndulo. Outro, era colocar o berilo em um vaso com água e interpretar os movimentos feitos na superfície da água.[37] Acreditava-se que sua função era principalmente encontrar objetos perdidos ou escondidos. *Sir* Reginald Scot explicou como utilizou o berilo para propósitos de adivinhação em sua obra clássica, *The Discoverie of Witchcraft*: "Uma criança deveria pegar o cristal em suas mãos e o médico, ajoelhando-se atrás dela, deveria rezar uma oração a Santa Helena. O que ele desejasse se tornaria nítido na pedra. A pedra mais pura manifestaria uma imagem da santa em forma angelical e responderia a qualquer questão feita a ela".[38]

Sonhar com berilo é sinal de que você crescerá rapidamente na carreira de sua escolha e será respeitado e honrado pelos outros. O berilo traz discernimento, verdade, sinceridade e desejo de aprender.

---

36. George Frederick Kunz, *The Curious Lore of Precious Stones*, p. 59.
37. John Sinkankis, *Emerald and other Beryls* (Prescott, AZ: Geoscience Press, 1989), p. 73.
38. Reginald Scot, *The Discoverie of Witchcraft*. (Originalmente publicado em 1584. Muitas edições disponíveis. A única que tenho foi publicada por John Rodker, London, 1930), p. 124.

Citrina

O nome citrina vem de *citron*, a palavra francesa para limão. É chamada de "a pedra da riqueza", pois traz fartura e prosperidade para quem a possui.

A citrina é uma pedra calorosa, confortável e estimulante. Portanto, elimina negatividade e promove bem-estar físico. Tem duas associações a Rafael. Ela "protege aquele que a usa dos perigos em viagens".[39] Ademais, dá coragem e estímulo para alguém que está estudando.

Cornalina

A cornalina é mencionada no *Livro Egípcio dos Mortos** como um amuleto protetor fúnebre. Embora se diga que o sárdio é a primeira das 12 pedras no peitoral de Aarão, a cornalina é geralmente considerada a primeira. Acredita-se que Maomé tenha usado um anel prateado com selo de cornalina. Os muçulmanos ainda creem que ficam próximos de Deus quando usam tal selo.

Acreditava-se que as cornalinas dão coragem e fazem com que as pessoas falem com voz firme e clara. Hoje elas ainda são usadas para diminuir a ansiedade e o medo e promover confiança e autoestima. A pedra estabiliza as emoções, aumenta o amor entre os membros da família e estimula o claro pensamento. Ela permite que você enfoque o presente, em vez de viver no passado ou no futuro.

Safira Amarela

A safira está disponível em várias cores, desde incolor até preta. Desde os tempos do Egito antigo, ela tem sido usada para tirar objetos estranhos do olho e ajudar a tratar de doenças oculares.

Acredita-se que ela tinha uma ligação próxima com o mundo espiritual. O escritor medieval Bartolomaeus Anglicus escreveu: "As

---

39. William Jones, *History and Mystery of Precious Stones*, p. 31.
*N.E.: Sugerimos a leitura de *Livro dos Mortos do Antigo Egito*, do dr. Ramses Seleem, Madras Editora.

bruxas também amam muito esta pedra, pois pensam que podem lidar com certas maravilhas por meio do poder da safira amarela".[40]

As Pedras Preciosas Tradicionais de Rafael

Com frequência, Rafael é associado ao diamante e ao quartzo claro.

Diamante

Estranhamente, os diamantes não eram apreciados até o século IV a.C., quando os escultores indianos finalmente souberam das qualidades especiais da pedra. Há muitas referências bíblicas aos diamantes anteriores a essa data, pois o nome "diamante" vem da palavra grega *adamas*, que significa "extrema solidez". Então, qualquer pedra preciosa era chamada de diamante.

Devido a sua extrema solidez, o diamante sempre foi considerado invencível e tem, portanto, o poder de curar qualquer doença. Santa Hildegard (1098-1179) alegou que, se um diamante fosse segurado em uma das mãos enquanto a outra fizesse um sinal-da-cruz sobre ele, os seus poderes curativos se multiplicariam. Marco Polo afirmou que a solidez do diamante assegurou o afastamento do azar e de todos os perigos. No entanto, acreditava-se que as qualidades talismânicas eram perdidas se o diamante fosse comprado. Ele deveria ser recebido como presente para ser eficiente como um talismã.

Quartzo

O quartzo é um cristal encontrado em grande quantidade pelo mundo. Ademais, foi associado às visões e aos sonhos. Há 125 anos, o padre grego Onomacritis observou: "Quem vai à igreja com um quartzo na mão pode estar certo de ter sua oração garantida, pois os

---

40. Bartolomaeus Anglicus, citado em George Frederick Kunz, *The Curious Lore of Precious Stones*, p. 105.

deuses não podem resistir ao poder da pedra".[41] Os gregos antigos pensavam que o quartzo era gelo petrificado e essa crença persistiu pelo menos até o século XI. O quartzo sempre foi associado à cura e usado para interromper sangramentos e controlar disenteria. Protege também de animais perigosos, afogamento, incêndio e até de roubo. O físico italiano do século XVI Camillus Leonardus escreveu: "O cristal (quartzo) protege aqueles que estão dormindo. Pendurado acima, ele afasta maus sonhos, acaba com feitiços e alivia a sede, se colocado na boca. Quando é triturado com mel, enche o peito de leite".

Hoje, o quartzo é usado para fins de purificação e para fortalecer e aumentar a energia física. Pode também ser programado com pensamentos curativos, a fim de que essa energia possa ser dada para outras pessoas.

Como Dedicar seu Cristal a Rafael

Você pode dedicar seu cristal a Rafael de várias maneiras. O método mais simples é segurá-lo na palma da mão esquerda, que está apoiada na mão direita, e falar com ele. Diga ao cristal que quer usá-lo para estabelecer uma ligação próxima e permanente com Rafael e planeja enchê-lo de energia positiva para tornar isso realidade. Diga ao cristal tudo o que acontece com você e depois espere por uma resposta. Você pode sentir uma sensação na palma da mão esquerda enquanto o cristal responde. Pode ouvir uma voz baixa dizendo que tudo está sob controle ou apenas vivenciar uma sensação de conhecimento ou uma sensação grandiosa de amor.

Um método mais complexo é segurar de novo o cristal em sua mão esquerda enquanto se senta confortavelmente e relaxa seu corpo. Feche os olhos e visualize o cristal em sua imaginação. Imagine-o crescendo cada vez mais até sentir que poderia andar dentro dele. Imagine-se envolvido pelo enorme cristal. Desfrute dos sentimentos de segurança e de conforto que vivencia por um momento dentro do cristal. Converse com ele e sinta sua voz ecoando dentro da grande

---

41. Onomacritis, citado em *Precious Stones and Gems,* de Edwin W. Streeter (London, UK: Chapman and Hall Limited, 1877), p. 17.

câmara, enquanto diz que pretende dedicá-lo a Rafael. Espere pela resposta do cristal. Ele ficará feliz em desempenhar esse papel e você receberá uma reação positiva. Fale com o cristal pelo tempo que quiser e depois saia de dentro dele e deixe-o voltar ao tamanho original.

Uma vez que dedicou seu cristal, você pode usá-lo para fazer contatos regulares com Rafael. Você deve segurá-lo ao se comunicar com Rafael. Segure-o quando rezar ou dizer afirmações. Se escrever cartas para Rafael, você pode colocá-las debaixo do cristal durante a noite. Fique confiante de que ele receberá essas cartas. É uma boa ideia carregar ou usar o cristal para o caso de você precisar do apoio e conforto de Rafael; a qualquer momento, tudo que necessita fazer é tocar em seu cristal.

Rabdomancia com Cristal

Muitas pessoas associam rabdomancia a hidromancia, mas esta é apenas uma parte do que a rabdomancia pode realizar. Você pode fazê-la para produtos tais como ouro, óleo, objetos perdidos ou propriedade roubada. Você pode também usá-la para outros propósitos, como, por exemplo, experimentar comida para ver se não está estragada ou determinar a qual filme assistir no sábado à noite. Ademais, pode fazer rabdomancia para obter conselho e ajuda dos reinos angelicais.

Em primeiro lugar, você precisará de um pêndulo de cristal. Você pode comprá-lo em lojas místicas, em lojas da Nova Era e em muitas lojas de presentes. Pêndulo é um pequeno peso, preso a um fio ou corrente. Uma vez que encontre um pêndulo de seu agrado, segure-o por meio do fio entre os dedos polegar e mindinho de sua mão dominante. Você poderá descansar o cotovelo desse braço sobre a mesa e permitir que o pêndulo balance de um lado para o outro, mais ou menos 2,5 centímetros acima da superfície da mesa.

Pare os movimentos do pêndulo com a mão livre e depois pergunte a ele qual movimento indica "sim". Há quatro possibilidades. O pêndulo se moverá de um lado para o outro, ou na sua direção e para longe de você ou em movimento circular, no sentido horário ou anti-horário. Dado que determinou "sim", peça por uma resposta "não". Prossiga pedindo as respostas "não sei" e "não quero responder".

Pratique perguntando ao pêndulo sobre coisas que você já sabe a resposta. Você poderia começar perguntando-o se seu nome é tal. O pêndulo deve responder com um "sim". Depois, pergunte se você tem 30 anos. Caso seja a sua idade atual, o pêndulo deve dizer "sim". Obviamente, se você não tem, ele deve dar uma resposta negativa.

Uma vez que você testou o pêndulo e está recebendo respostas corretas o tempo todo, faça algumas questões com respostas desconhecidas, mas que você pode confirmar. Você poderia, por exemplo, perguntar para o pêndulo se seu par está agora no supermercado. Repare na resposta e depois cheque a veracidade dela quando seu par chegar em casa. Se seu par tiver celular, você pode verificar imediatamente o que o pêndulo diz. Você poderia indagar a respeito de vários lugares até o pêndulo ratificar que seu par está em determinado lugar. Mais tarde, chame-o para conferir.

Dado que o pêndulo deu provas, você pode começar a usá-lo para contatar Rafael. Sente-se em seu lugar sagrado e passe alguns minutos em silenciosa meditação relaxando seu corpo e sua mente. Quando se sentir pronto, pegue o pêndulo e diga-lhe que quer usá-lo para se comunicar com Rafael. O pêndulo está feliz em ser usado dessa maneira? Ele deve dar uma resposta afirmativa. Peça a companhia de Rafael. Se tiver feito muito dos exercícios anteriores, talvez saberá da chegada de Rafael, mas o pêndulo o alertará de alguma forma dando uma resposta positiva. Você agora pode fazer perguntas a Rafael que podem ser respondidas pelas quatro opções possíveis. Você pode pedir algo para Rafael. Fale a respeito de suas esperanças e de seus sonhos e indague a Rafael como pode alcançá-los. Ao terminar, agradeça a Rafael por toda a ajuda e depois diga "até logo". O pêndulo dará uma resposta afirmativa. Pense na comunicação que acabou de ter com Rafael por um ou dois minutos antes de se levantar.

Pode perguntar por que alguém tentaria adivinhar as respostas de Rafael quando você pode simplesmente fazer as perguntas para ele com o uso de um dos métodos que já abrangemos. Todo o mundo é diferente e algumas pessoas recebem melhores resultados adivinhando as respostas do que realizando um dos outros métodos.

É uma boa ideia tentar vários métodos. Você pode achar que um método funciona bem em um momento, enquanto outro agrada mais depois. Quando eu treinava para ser um hipnoterapeuta, muitos métodos diferentes para hipnotizar as pessoas nos foram ensinados. Era para evitar que nos tornássemos profissionais limitados, capazes de hipnotizar as pessoas com apenas um método. Afinal, os clientes com quem fomos lidar eram diferentes e um método que funcionou bem para um, poderia não ter muito sucesso em outra ocasião ou com outro cliente. A mesma coisa se aplica ao contato angelical. Você encontra um ou dois métodos que gosta mais do que outros, mas é bom ser capaz também de utilizar outros métodos de vez em quando.

Os cristais têm muitas finalidades. Você pode usá-los como amuletos para ficar junto de Rafael o tempo todo. Com a ajuda de Rafael, você também pode usá-los para curar a si mesmo e aos outros. Ademais, os cristais desempenham uma função importante em curar chacras, círculos de energia em rotação dentro de sua aura. Você descobrirá o papel de Rafael em manter seus chacras em boa forma no próximo capítulo.

Capítulo 9

Rafael e os Chacras

Você está cercado por uma bolha ovoide invisível conhecida como aura. Sua aura é uma extensão do corpo físico. Ela aumenta e diminui dependendo de várias circunstâncias, tais como seu atual grau de energia, entusiasmo e saúde. Embora muitas pessoas não possam enxergá-la, sua aura incandesce com todas as cores do arco-íris. Há muitos livros disponíveis que podem ensinar a arte de ver e ler auras.[42]

Dentro da aura estão sete centros espirituais cheios de energia, chamados chacras. Cinco deles estão alinhados ao longo da espinha e os outros dois se localizam na cabeça. A palavra chacra vem do sânscrito e significa "roda". Os chacras receberam esse nome por serem sempre vistos como círculos de energia em rotação. Cada chacra é associado a determinada cor. Em um sentido, eles podem ser vistos como uma escada espiritual que leva à luz. De maneira ideal, cada chacra é bem equilibrado e está funcionando eficientemente. Entretanto, na realidade, problemas emocionais e estresse sempre causam problemas nos chacras, que se refletem depois no corpo físico.

---

42. Richard Webster, *Aura Reading for Beginners* (St. Paul, MN: Llewellyn Publications, 1998), Mark Smith, *Auras: See Them in Sixty Seconds* (St. Paul, MN: Llewellyn Publications, 1997), e John Mann e Lar Short, *The Body of Light: History and Practical Techniques for Awakening Your Subtle Body* (Rutland, VT: Charles E. Tuttle Company, Inc., 1990). Todos contêm métodos para ver auras.

Chacra Básico
Cor: vermelha
Arcanjo: Sandalfon
Cristais: heliotrópio, granada vermelha, jaspe, rubi.

O chacra raiz ou básico está situado na base da espinha. Refere-se ao conhecimento, à sobrevivência, à autopreservação, à vitalidade e à força. Quando esse chacra está bem equilibrado, a pessoa se sente segura e controlada em todos os aspectos da vida. Bloqueios nesse chacra tornam a pessoa agressiva e teimosa.

Chacra Sacro
Cor: laranja
Arcanjo: Chamuel
Cristais: âmbar, cornalina, ortoclásio, calcita laranja, topázio.

O chacra sacro está situado entre o umbigo e os órgãos genitais. Refere-se à criatividade, segurança e vida sexual da pessoa. Quando está bem equilibrado, a pessoa se sente otimista e em harmonia com seus sentimentos. Essa pessoa também estará preocupada com a felicidade e o bem-estar dos outros. Bloqueios nesse chacra podem causar frigidez e a sensação de estar totalmente sozinho.

Chacra Solar
Cor: amarela
Arcanjo: Uriel
Cristais: citrina, olho-de-tigre, jaspe amarelo.

O chacra solar está situado 2,5 centímetros abaixo do umbigo. Refere-se à lógica, ao intelecto e aos objetivos. Quando esse chacra está bem equilibrado, a pessoa será extrovertida, amigável, tranquila e generosa. Bloqueios nesse chacra podem levar a problemas mentais.

Chacra Cardíaco
Cor: verde
Arcanjo: Rafael
Cristais: aventurina, esmeralda, jade, kunzita.

O chacra do coração está situado no centro do peito, na área do coração. Refere-se à compaixão, aceitação, aos relacionamentos e ao amor. Isso inclui amor físico e amor incondicional para toda a humanidade. Quando esse chacra está bem equilibrado, a pessoa está em contato com seus sentimentos e é compassiva e gentil. De forma não surpreendente, bloqueios nesse chacra fazem com que tenha dificuldade em expressar seus sentimentos.

Chacra Laríngeo
Cor: azul
Arcanjo: Miguel
Cristais: água-marinha, crisocola, lápis-lazúli e turquesa.

O chacra laríngeo está situado na garganta. Refere-se à autoexpressão, criatividade, verdade e comunicação, principalmente a verbal. Quando esse chacra está bem equilibrado, a pessoa é contente, criativa, inspirada e espiritual. Bloqueios nesse chacra fazem com que ela se torne inflexível e controlada.

Chacra Frontal
Cor: índigo
Arcanjo: Gabriel
Cristais: ametista, calcita azul, lápis-lazúli, turquesa.

Esse chacra está situado entre as sobrancelhas. Refere-se à visão interior, ao discernimento, à sabedoria, à intuição e ao autorrespeito. Quando esse chacra está bem equilibrado, a pessoa não se prende a bens materiais, não teme a morte e é interessada em desenvolver-se de modo clarividente e espiritual. Bloqueios nesse chacra fazem com que fique vagando sem rumo pela vida.

Chacra Coronário
Cor: violeta
Arcanjo: Zadkiel
Cristais: ametista, charoíta, quartzo claro, selenita.

O chacra coronário está situado imediatamente acima da cabeça. Refere-se à iluminação, compreensão e espiritualidade. Ele nos abre para a energia divina. Todas as qualidades humanas mais puras, tais como compaixão, devoção, sacrifício e bondade estão representadas aqui. Bloqueios nesse chacra causam sentimentos de isolamento e perda de fé.

Equilibrando seus Chacras

Você pode usar seu pêndulo para avaliar o estado dos chacras. Pergunte a ele se seu chacra básico está equilibrado. Depois, indague a respeito de cada um dos outros chacras. Se eles estiverem equilibrados, você receberá sete mensagens afirmativas de seu pêndulo e pode parar nesse ponto. No entanto, se um ou mais chacras não estiverem equilibrados, você precisará harmonizá-los e pode fazê-lo de várias maneiras.

Um método eficiente é fechar os olhos e respirar a cor referente ao chacra fora de equilíbrio. Visualize a cor entrando em seu corpo e girando na área do chacra. Depois de visualizar isso por um ou dois minutos, teste o chacra de novo com seu pêndulo. Repita quantas vezes forem necessárias, até que o pêndulo lhe dê uma resposta positiva.

Outro método é deitar-se e pedir a companhia de Rafael. Coloque um cristal relacionado ao chacra fora de equilíbrio sobre ele e deixe-o ali por vários minutos, enquanto discute algo que quiser com Rafael. Uma vez que tenha feito isso, peça a Rafael para abençoar o cristal para você. Mantenha o cristal com você pelo restante do dia e toque nele o máximo que puder.

Você pode energizar e harmonizar todos os chacras passando pela meditação do arco-íris no Capítulo 6. Enfoque cada chacra enquanto se banha nas diferentes cores.

Depois disso, pode ser uma boa ideia andar pelo arco-íris outra vez, fechando levemente cada chacra. A razão para tal é que você se torna vulnerável à interferência externa quando seus chacras ficam estimulados e abertos. Dessa forma, não está fechando esses chacras. Você os estará umidecendo a fim de que estejam harmonizados, equilibrados e em paz. Pode ser que prefira andar pelo arco-íris de novo e ver a si mesmo apagando algumas luzes para as cores não serem tão brilhantes ou intensas. Pode ser que você prefira imaginar que está parcialmente fechando portas ou baixando cortinas. Não faz diferença o que escolhe fazer, contanto que sinta que está acalmando cada chacra.

De vez em quando, pode ser que você se encontre em uma situação em que precise fechar rápido seus chacras. Pode ser que escolha fazê-lo caso esteja em uma situação negativa ou muito estressante. Em uma emergência desse tipo, passe rápido pelas cores do arco-íris, começando com o violeta, e diga para si mesmo "feche", enquanto visualiza a cor. Fazendo isso, você pode fechar seus chacras em uma questão de segundos. Lembre-se, entretanto, de energizá-los o mais cedo possível, andando devagar pelas cores do arco-íris.

Seu Chacra Cardíaco

Como Rafael é o arcanjo da cura, ele ficará feliz em trabalhar com você no equilíbrio de um ou de todos os seus chacras. No entanto, o chacra a que Rafael está especificamente associado é o do coração.

Você talvez tenha tido sensações de amor grandioso em seu chacra cardíaco em momentos de grande emoção. Este é um sentimento caloroso, grandioso e enorme que enche seu coração de amor. Nessas ocasiões, seu chacra cardíaco fica bem aberto. Tenho certeza de que você se lembra de muitos momentos assim. Lembro-me de ter vivenciado esse tipo de situação quando vi meu filho mais novo atuar em uma peça de teatro escolar, aos sete anos de idade. Ver minha neta pela primeira vez nos seus primeiros minutos de vida foi outra situação. Esses são os primeiros pensamentos que vêm à minha mente imediatamente quando penso nas respostas espontâneas de meu chacra cardíaco.

O chacra cardíaco é bastante vulnerável aos aspectos positivos e negativos do amor. Infelizmente, muitas pessoas fecham seus chacras cardíacos quando estão decepcionadas ou muito magoadas em um relacionamento. Falam para si mesmas que nunca deixarão alguém fazer isso de novo e depois se asseguram de que o fato não aconteça, fechando o chacra. A mesma coisa ocorre quando alguém passa por uma tragédia e não disponibiliza tempo suficiente para o período de sofrimento. Na verdade, a pessoa torna-se vazia por dentro e traumatizada.

Problemas emocionais relacionados ao chacra cardíaco são mais comuns em mulheres do que em homens. Isso pode ser explicado por meio dos chacras. Os órgãos sexuais masculinos estão situados no chacra básico e essa energia pode ser aplicada com facilidade ao terceiro chacra, que é a base do poder pessoal. Os órgãos sexuais femininos estão situados no chacra sacro e essa energia é naturalmente aplicada ao chacra cardíaco, que é a base do amor universal.

O chacra cardíaco está fortemente associado ao coronário. Este se refere à consciência universal e ao amor divino, enquanto o cardíaco é o centro do amor, compaixão, afeição, alegria, preocupação e outras emoções humanas maiores. Quando você trabalha no desenvolvimento das qualidades de seu chacra cardíaco, também está ampliando no chacra coronário qualidades do amor divino e da luz.

Isso é benéfico por uma série de razões. Em muitas pessoas, os três chacras inferiores são razoavelmente bem desenvolvidos. Referem-se à sobrevivência, ao desejo sexual e à força de vontade. Os chacras mentais (laríngeo e frontal) também são ativos em muitas pessoas, pois é colocada grande ênfase no desenvolvimento intelectual hoje em dia. Infelizmente, significa que os chacras cardíaco e coronário tendem a ser negligenciados. Um bom exemplo disso é uma pessoa bem-educada, mas imatura em termos emocionais.

Há alguns anos, trabalhei com um homem que era muito bem qualificado em sua profissão, mas tinha uma série de relacionamentos desastrosos atrás dele. Ele veio pedir ajuda porque agrediu sem querer sua namorada durante uma briga e estava preocupado que, se acontecesse de novo, ele poderia causar-lhe sérios danos físicos.

No caso dele, o chacra solar estava superdesenvolvido na perda de seu chacra cardíaco.

Obviamente, quem sabe do subdesenvolvimento de seu chacra cardíaco deve pedir ajuda a Rafael. Ele quer auxiliá-lo a ser uma pessoa íntegra de todas as maneiras. Isso é impossível quando seu chacra cardíaco está bloqueado.

Avaliando seu Chacra Cardíaco

Sente-se de modo confortável e feche os olhos. Enfoque sua respiração por um ou dois minutos e depois preste atenção na área de seu coração. Fique ciente de seu chacra cardíaco e determine o modo de abertura dele. O chacra cardíaco é muito ativo e você pode achar que ele está bem aberto. Se este for o caso, pode ser que queira diminuí-lo levemente. Atenha-se em diminuí-lo e pare quando ele alcançar o nível adequado para você. Ou seu chacra cardíaco poderia estar fechado. Nessa situação, precisa abri-lo devagar, até que se sinta confortável.

Agora entre no próprio chacra calmamente. Se parecer muito emocional ou difícil, retire-se por um momento e peça ajuda a Rafael. Espere pela chegada dele e depois tente de novo. Uma vez que esteja dentro do chacra, pense no amor em sua vida e veja que respostas seu chacra cardíaco fornece. Repita a palavra "amor" diversas vezes e note quais sentimentos essa palavra cria dentro do chacra.

Deixe seu chacra cardíaco ficar repleto de energia verde e sinta o amor incondicional, perfeito e total. Deixe esse sentimento alcançar gradualmente todas as partes de seu corpo. Tome nota de ideias ou de discernimentos que ocorrem com você enquanto isso acontece.

Agora é hora de deixar seu chacra cardíaco. Enfoque a cor verde dentro do chacra e deixe-a perder o brilho levemente. Isso é para fechar uma parte de seu chacra cardíaco depois do estímulo que esse exercício terá criado. Se Rafael ajudou com esse exercício, agradeça-lhe nesse ponto, pois a avaliação agora terminou.

Fique ciente de seu chacra básico e imagine-o conectado à terra por meio de um tubo invisível de energia. Sinta-se preso à terra por intermédio desse tubo. Quando se sentir pronto, abra os olhos.

Reativando seu Chacra Cardíaco

Jesus disse: "Dou-vos um novo mandamento: Amai-vos uns aos outros. Como eu vos tenho amado, assim também vós deveis amar-vos uns aos outros" (João 13:34). Muitas pessoas levam vidas solitárias, tristes e sem amor porque seus chacras cardíacos estão bloqueados. Felizmente, o chacra cardíaco pode ser reativado. Não importa quanto tempo ele esteve fechado. No entanto, a pessoa deve perceber que tem um problema e também um forte desejo de mudar. É um processo de dez passos.

1. Comece fazendo algum exercício revigorante. Ele não é bom apenas para seu corpo físico, mas também energiza sua aura inteira. Não faz diferença qual exercício realiza, porém você deve estar um pouquinho sem fôlego quando terminar. Isso aumentará sua frequência cardíaca temporariamente.

2. Tenha certeza de que não será interrompido por pelo menos trinta minutos. Deite-se e fique confortável. Respire fundo várias vezes e relaxe o máximo que puder.

3. Ande pelo arco-íris, enfocando cada chacra enquanto passa pelas cores.

4. Uma vez que você apareça na parte mais distante do arco-íris, visualize-se no cenário mais tranquilo e bonito que possa imaginar. Passe o tempo que quiser apreciando as visões, os sons e os cheiros agradáveis desse lugar mágico.

5. Quando se sentir pronto, olhe para o belo céu azul-claro e em seu olho da mente visualize Rafael olhando para você com um agradável, embora preocupado sorriso na face. Ele sabe por que você está fazendo essa determinada meditação. Rafael está

preparado e quer ajudar. Quando o fita, você percebe que ele está segurando uma bola verde pequena. Rafael a joga levemente de uma mão para a outra enquanto olha para você de novo. Enquanto você olha, ele lança a bola para o ar e essa bela bola verde-esmeralda está vindo até você.

6. A bola vem devagar e suavemente até você. Você sabe de forma instintiva que não precisa pegá-la. Você vê quando a bola fica perto do seu coração e desaparece dentro do seu corpo.

7. Você pode sentir o calor da bola verde enquanto ela massageia e estimula levemente seu chacra cardíaco. Você sente uma vivacidade em seu coração e uma sensação grandiosa de amor e de paz vem até você.

8. Você permanece nesse lugar pacífico e bonito durante o tempo que quiser, desfrutando dos efeitos alegres da energia verde enquanto ela transforma e revitaliza seu chacra cardíaco. Depois, essa energia envia amor para todo seu corpo. Você olha para Rafael e nota que ele ainda está sorrindo, mas a preocupação sumiu de seu rosto. Ele ri e se despede. Você também sorri e se despede e vê quando ele desaparece devagar.

9. Você se levanta, se espreguiça e anda de novo pelo arco-íris, desligando uma ou duas luzes de cada cor enquanto passa.

10. Fique ciente de si mesmo, deitado em seu espaço confortável. Pense na experiência e sinta a mudança na área de seu coração. Abra os olhos, espreguice-se e levante-se. Junte todos os seus pensamentos por alguns minutos e reflita a respeito do ocorrido antes de seguir seu dia.

Algumas pessoas acham essa meditação muito emocional. É importante extravasar a emoção. Ela pode ter sido bloqueada durante um bom tempo, e restaurar seu chacra cardíaco pode ser como abrir uma barreira que prendeu uma enorme quantidade de dor e de emoção. Portanto, você pode chorar, gritar ou socar um travesseiro até sentir que a emoção contida saiu. Uma vez que o tenha feito, desfrute de uma ducha ou um banho purificador antes de voltar ao seu dia.

Como Expressar Amor Universal o Tempo Todo

O estado de seu chacra cardíaco afeta todos os aspectos de sua atitude com respeito ao amor. Quando seu chacra cardíaco está equilibrado, você poderá dar e receber amor sem dificuldade. Quem encontra você pela primeira vez, saberá de forma subliminar que é uma pessoa preocupada, amorosa e carinhosa, que tem o bem-estar de todos no coração. Se você estiver ciente disso ou não, quando seu chacra está bem equilibrado, expressa amor universal. Assim que estiver nesse estado, atrairá naturalmente outras pessoas até você. Você também será equilibrado, confiante, calmo e seguro de si mesmo. Você se amará e terá boa autoestima; amará outras pessoas e a vida. Pequenas coisas não irão incomodar ou aborrecê-lo. Você poderá ater-se no que é importante e ignorar ou descartar os pequenos aspectos insignificantes da vida que prendem outras pessoas. Outro efeito colateral benéfico é que um chacra cardíaco bem equilibrado faz com que você pareça mais atraente para os outros.

Imagine o que o mundo seria caso todos tivessem um chacra cardíaco bem equilibrado e saudável. Haveria finalmente paz e harmonia no mundo. O padre jesuíta francês e filósofo Teilhard de Chardin (1881-1955) deveria estar pensando nessa linha quando escreveu:

"Algum dia, depois de dominarmos
os ventos, as ondas, as marés e a gravidade,
controlaremos as energias do amor para Deus.
Então, pela segunda vez na história
Do mundo, o homem terá descoberto o fogo".[43]

Teilhard de Chardin acreditava que o amor era a força misteriosa que une todos os elementos do mundo.

Com a ajuda de Rafael, você pode ter um chacra cardíaco bem equilibrado o tempo todo. Em uma de suas meditações com Rafael, peça ajuda para alcançar esse objetivo, a fim de que você possa fazer diferença no mundo. Ele ficará feliz em ajuda-lo nisso e pode dar sugestões. Realize sempre a meditação do arco-íris e pare debaixo dos raios verdes por um momento todas as vezes, para seu corpo absorver o máximo que puder da energia benéfica com poderes de cura.

Quando era criança, estudei em um colégio de freiras. Pelo menos uma vez por semestre, o representante de classe ficava em pé na capela e lia para nós as famosas palavras de São Paulo aos Coríntios, que começa: "Ainda que eu falasse as línguas dos homens e dos anjos, e não tivesse amor, seria como o metal que soa ou como o sino que tine" (I Coríntios 13:1). A leitura sempre terminava com: "Agora, pois, permanecem a fé, a esperança e o amor, estes três, mas o maior destes é o amor" (I Coríntios 13:13).[44]

Dando e Recebendo Amor com seu Chacra Cardíaco

Esta é uma versão moderna de um antigo ritual criado por Ati_a (982-1054), reformista budista indiano, escritor e professor. Coloque duas cadeiras uma de frente para a outra, com distância de quase um metro entre elas. Sente-se em uma delas e feche os olhos. Relaxe os braços.

Imagine que Rafael está sentado na outra cadeira olhando para você. Respire profundamente. Absorva a energia de Rafael enquanto respira. Visualize o amor de Rafael girando sobre a área de seu chacra cardíaco. Segure a respiração por alguns momentos e

---

43. Teilhard de Chardin, *Hymn of the Universe* (London: William Collins, 1959).
44. Essas duas citações são da *Versão Revisada Padrão da Bíblia*. Eu as usei porque na Versão Autorizada a palavra "caridade" é utilizada, em vez de "amor". Significa a mesma coisa, mas, para os propósitos deste livro, a Versão Revisada Padrão é mais clara. Todas as outras citações bíblicas neste livro são da Versão Autorizada.

depois solte-a. Dessa vez, visualize o envio do seu amor de volta a Rafael.

Faça isso uma vez e depois sente-se tranquilamente por pelo menos um minuto. Tome consciência do que está acontecendo dentro de seu corpo e tome nota dos pensamentos que tiver.

Repita o exercício. Respire profundamente e absorva o máximo que puder da energia de Rafael. Segure a respiração e solte-a devagar, mandando seu amor de volta para Rafael.

De novo, sente-se por pelo menos um minuto e perceba o que está acontecendo em sua mente e em seu corpo. Se quiser, você pode terminar o ritual nesse ponto. No entanto, há duas etapas adicionais que achará útil na vida cotidiana. Todas as três etapas podem ser feitas de maneira separada, mas sempre pratico as três juntas.

Na sua imaginação, fique ciente de que Rafael se levantou e está agora no seu lado direito. Visualize alguém que seja importante para você ocupando o lugar dele na cadeira. Essa pessoa poderia ser seu namorado, parente, amigo, colega de trabalho e até alguém de quem você realmente não gosta.

Imagine essa pessoa em sua mente da maneira mais nítida possível. Respire fundo. Recolha as energias dela enquanto respira. Deixe o ar girar sobre a área de seu coração. Segure a respiração por alguns segundos e depois solte-a, enviando o amor de volta para essa pessoa.

Sente-se tranquilamente por pelo menos um minuto e tenha ciência de seus pensamentos e do que está acontecendo dentro de seu corpo. Repita o exercício de novo e veja o que ocorre com você (esse exercício é muito útil para criar relações mais próximas com todos em sua vida. Faça uma tentativa com as pessoas a quem ama e de quem não gosta. Sinta as energias diferentes dentro de seu chacra cardíaco).

A terceira e última etapa é enviar amor universal para o mundo. Imagine que a cadeira na sua frente desapareceu e você está no topo de uma montanha olhando para o mundo inteiro. Note como ele parece bonito. Rafael ainda está ao seu lado e pode estar com a mão sobre seu ombro. Respire profundamente e absorva a energia da própria terra. Segure-a e mande o amor universal de volta. Pare por um minuto e depois repita (se quiser, você pode repetir essa etapa, enviando amor universal para todos os seres vivos). Quando terminar, agradeça a Rafael pela ajuda e pelo apoio, abra os olhos e espreguice-se ou dê voltas por alguns minutos antes de fazer algo.

Rezando com seu Chacra Cardíaco

No Sermão da Montanha, Jesus aconselha as pessoas a "buscar primeiro o reino de Deus... e todas estas coisas vos serão acrescentadas" (Mateus 6:33). Uma pergunta lógica poderia ser: "Onde está o reino de Deus?" Se você parar e pensar nessa pergunta, talvez chegue à conclusão de que, na verdade, ele está dentro de seu próprio coração. O coração é considerado a casa de Deus em muitas sociedades. As pessoas fazem juramentos colocando a mão sobre o coração, pois simboliza verdade, honestidade e amor. Na China, chama-se o coração de "o Deus e Mestre do Céu".[45]

Suas orações se tornarão mais eficientes, uma vez que venham de seu chacra cardíaco. Antes de começar a rezar, passe alguns minutos enviando energia verde para o seu chacra cardíaco e visualize a expansão e o crescimento dele. Em seguida, reze e imagine suas orações sendo enviadas para a força da vida universal a partir de seu chacra cardíaco. É provável que você ache esse sentimento estranho e talvez desconfortável no início. No entanto, quando se acostumar, você aprenderá que é uma forma natural e muito eficaz de rezar.

Você também pode usar seu chacra cardíaco para aumentar sua criatividade. Você aprenderá como fazê-lo no próximo capítulo.

---

45. Daya Sarai Chocron, *Healing the Heart: Opening and Healing the Heart with Crystals and Gemstones* (York Beach, ME: Samuel Weiser, Inc., 1989), p. 13.

Capítulo 10

Rafael e a Criatividade

Criatividade é a capacidade de proporcionar a existência de algo novo. Cada vez que pensa em solucionar um problema ou faz algo acontecer, você está usando sua criatividade natural. Quando toca um instrumento musical ou canta, está criando música. Quando fala para alguém a respeito de um filme que viu, está criando imagens em sua mente. Você cria algo quando planta no jardim, tira fotos ou prepara uma refeição. Todas as vezes que tem um pensamento, você está sendo criativo. Na verdade, está criando sua própria vida diariamente. Seu poder de criar é ilimitado.

Embora isso seja uma faculdade natural que possuímos, muitas pessoas me dizem que não são criativas. No entanto, esse não é o caso, pois todos têm entre cinquenta e sessenta mil pensamentos por dia. Isso significa que todo mundo é muito criativo. Todos os seres humanos têm imaginação e, usando a imaginação de forma criativa, eles podem criar algo que desejam em suas mentes. Essa imagem mental é o primeiro passo da criação. Nada aconteceria, a menos que alguém pensasse nisso primeiro. Todos os objetos a que você pode dar nomes foram resultado da criatividade de uma pessoa e sempre a solução para um problema ou uma dificuldade. Os inventores são pessoas muito criativas que pensam em problemas e em soluções.

É claro que alguns são naturalmente mais criativos do que outros e até pessoas muito criativas diferem-se bastante. Duas amigas minhas são escritoras. Uma é jornalista que relata fatos e a outra escreve romances. Isso significa que ela usa sua imaginação para pensar em personagens e em enredos. Ambas dão origem a seus seres a partir das palavras que escrevem. Essas duas pessoas são criativas ou a escritora de ficção é mais criativa porque inventa seu material? É impossível responder a essa pergunta. No entanto, sinto que são criativas, mas elas utilizam a criatividade de maneiras diferentes.

A inteligência parece ter pouco significado em como a pessoa será criativa. Uma pessoa com pouca imaginação e alto QI pode ser muito analítica e inteligente, mas é improvável que demonstre excelente criatividade. Por outro lado, alguém questionador e com baixo QI pode ser muito criativo. As pessoas muito criativas nem sempre são convencionais e isso lhes dá uma inclinação levemente diferente na vida que estimula criatividade.

Entretanto, a criatividade pode ser desenvolvida. Afinal, se temos até sessenta mil pensamentos por dia, podemos certamente ter algumas ideias criativas ao longo do caminho.

Todo nosso propósito na vida é principalmente criar. Uma vez que você saiba de seu propósito na vida, ele será expresso naturalmente pela sua própria natureza criativa. Um escultor, por exemplo, tem de esculpir. É o propósito da vida dele. Se ganhasse, de repente, 1 milhão de dólares, ele não pararia de trabalhar, mas continuaria a criar. Um amigo meu tornou-se multimilionário escrevendo. Ele escreve filmes cheios de ação que vendem pelo mundo. Embora sempre ache escrever um enorme trabalho, ele continua a escrever seus livros porque é seu propósito de vida. Ele poderia se aposentar amanhã, mas isso não lhe traria alegria ou satisfação, pois todo o significado e o propósito para sua vida desapareceriam.

Dado que encontre seu propósito, é claro que tudo se torna muito mais fácil. Achando o que ama, você pode então ir atrás de seu propósito com entusiasmo. Se ainda não o descobriu, peça a ajuda de Rafael para encontrá-lo.

Faça isso com calma. Você pode ter um choque repentino de inspiração no qual seu propósito de vida se revela, porém é mais provável que venha como uma consciência gradual de certa atividade ser o que você está aqui para fazer. Comece avaliando todas as coisas que gosta de fazer. Pense em seus talentos naturais. Sonhe com várias coisas que queria pôr em prática, se tempo e dinheiro não fossem essenciais. Diga a Rafael que precisa achar seu propósito, pois quer fazer a diferença e criar uma excelente vida para você. Seja paciente e avalie ideias que surgirem de maneira cuidadosa.

Rafael é interessado principalmente em criatividade e estará feliz por ajudar você no desenvolvimento do lado criativo além de sua natureza. Se tem um problema e não consegue pensar em uma solução, você deve pedir o conselho de Rafael. A resposta dele dará sugestões a respeito da melhor forma de conduzir a situação.

Criatividade é uma das maiores alegrias da vida. O importante é o processo de criar algo. Portanto, você não precisa ficar preocupado se sua criação não for tão boa. Não é necessário que seja perfeita. Um artista iniciante que ainda está aprendendo a pintar pode obter mais alegria a partir da sua criatividade do que um profissional. Criatividade é algo que deve dar grande prazer e satisfação.

Exercícios de Criatividade

Há muitos exercícios destinados a aumentar a criatividade. Um método que considero útil é encontrar aleatoriamente três substantivos no dicionário. Abro-o em qualquer página e escolho o primeiro substantivo que encontro. Repito o mesmo processo para obter os outros dois. Depois, escrevo um ou dois parágrafos que incorporam os três substantivos. Às vezes, torno o exercício difícil para mim, insistindo em que o parágrafo comece com uma das palavras pela qual optei.

Você pode fazer esse exercício escolhendo de forma cuidadosa três palavras que se relacionam a determinada situação. Isso pode ser uma maneira eficiente de resolver um problema. Se, por exemplo, você estivesse tendo problemas com seu chefe no trabalho, poderia usar as palavras: chefe, desentendimentos e estresse. Usando essas três palavras em um ou dois parágrafos, você poderia encontrar uma solução criativa para o problema.

Um amigo escritor sofria de falta de inspiração. Sugeri que ele fizesse esse exercício com a utilização de palavras referentes ao romance que escrevia. Para sua surpresa, uma vez que redigiu o parágrafo, ele pôde continuar escrevendo a história. Esse exercício trouxe energia para sua criatividade oculta e eliminou totalmente a falta de inspiração.

Mandalas

Os mandalas são uma ajuda oriental para a meditação. Como representam seu mundo no momento em que você o constrói, eles são usados às vezes como ferramentas terapêuticas. Tudo o que você precisa é de papel e de lápis ou canetas coloridas.

Comece desenhando uma forma de seu agrado. Muitos mandalas são redondos, mas você pode usar qualquer forma que interessar. Carl Jung estudou mandalas durante muitos anos e considerou que um círculo simbolizava o Cosmos como um todo, enquanto um quadrado simbolizava o Universo concebido pelo homem. Consequentemente, ele acreditou que os mandalas representavam a divindade encarnada no homem.[46]

Escolha uma das canetas coloridas e desenhe algo dentro da forma ou talvez pinte uma parte dela. Mude as cores sempre que quiser e continue até que se sinta pronto para parar.

Obviamente, esse é um exercício criativo, pois você está construindo uma figura. No entanto, quando você olha para seu

---

46. C.G. Jung, *Memories, Dreams, Reflections* (London, UK: Collins and Routledge & Kegan Paul, 1963), p. 308.

mandala mais tarde, é provável que também receba discernimentos para o que acontece em sua vida. Pode ser uma prática útil desenhar um mandala todos os dias durante várias semanas ou meses e depois vê-los de novo. Eles revelarão o que acontecia em sua vida interior naquela ocasião.

Você pode prosseguir adiante convidando Rafael para ficar com você e criando um mandala na presença dele. Compare esse mandala com os que você mesmo criou e veja qual diferença a presença de Rafael fez.

Você também pode construir mandalas enquanto pensa em algo que está acontecendo em sua vida. Caso esteja tentando encontrar seu propósito na vida, por exemplo, pense nisso ao desenhar um mandala. Seu subconsciente pode dar informações úteis que você não descobre até examinar o mandala mais tarde.

Um conhecido meu fez isso enquanto passava por problemas no relacionamento. Ele ficou assustado com a raiva que viu em seus mandalas, mas estudá-los também lhe deu o conhecimento de que precisava para resolver a situação.

Explorando o Desconhecido

Uma maneira muito eficiente de desenvolver sua criatividade é fazer refletidamente algo que você não considerou antes. Um dos meus alunos é agora um *gourmet*. Ele descobriu seu talento apenas quando desafiei todos na classe a tentar algo novo. Outro aluno da mesma classe descobriu o talento de fazer colchas. Nenhum deles teria sabido desses talentos se não tivessem optado por realizar algo diferente.

Eu criava abelhas há vários anos. Foi um interesse cativante que me deu enorme prazer e satisfação. De modo ponderado, comecei a ter esse passatempo porque ele era completamente diferente de algo que eu tentara antes. Confecção de papel é outro *hobby* que adotei durante algum tempo em consequência desse exercício.

Não faz diferença qual é a nova atividade. De muitas formas, quanto mais incomum for, melhor. Você assimilará uma série de informações a respeito de algo novo e diferente. Isso aumenta seu conhecimento do mundo. Você pode achar que tem talento no que quer que seja. Assim, pode fazer novas amizades. Você também aumentará sua criatividade natural.

Você também pode envolver Rafael nesse exercício. Enquanto se comunica com ele, peça auxílio para ter várias ideias acerca de algumas atividades que poderia fazer. Fale de seu desejo de querer ideias estimulantes que o ajudarão a desenvolver mais criatividade. Não avalie as ideias enquanto elas vêm à sua mente. Haverá tempo para isso mais tarde.

Após o término da sessão, tome nota de todas as sugestões e depois reflita a respeito de cada uma. Algo talvez descartado à primeira vista pode intrigar você, uma vez que pense nisso mais tarde. Escolha quatro ou cinco possibilidades e invoque Rafael de novo para ajudar na escolha da melhor opção para começar. Você quer uma atividade desafiadora, estimulante e provavelmente até um pouco assustadora. Dado que tenha se decidido por uma atividade simples, aprenda o máximo que puder acerca dela e depois coloque-a em prática.

Obviamente, muitas atividades que você inicia em consequência desse exercício não prenderão seu interesse por muito tempo. Isso não importa. O que vale é você ter saído de seu conforto e feito algo diferente.

Exercício de Criatividade do Chacra

Esse é um exercício útil que envolve os chacras em receber e testar ideias criativas. Você pode usá-lo para avaliar uma ideia que já teve ou pensar em novas ideias.

Sente-se ou deite-se confortavelmente e relaxe da maneira habitual. Peça a companhia de Rafael. Quando ele chegar, diga-lhe o que pretende fazer e o resultado que deseja. Ande pelo arco-íris com Rafael, deixando a energia de cada cor revitalizar seus chacras.

Depois de sair do raio violeta, imagine-se na cena mais bonita em que pode pensar. Ande pela paisagem com Rafael e encontre um lugar adequado onde possa sentar-se e ter várias ideias. Quando estiver confortável, diga a Rafael a respeito de sua ideia, caso já tenha algo em mente. Se estiver ainda procurando inspiração, diga-lhe o que está buscando. Discuta acerca disso durante o tempo que quiser. Não hesite em falar de suas ideias e escute atentamente as sugestões de Rafael.

Uma vez que você tenha se decidido por determinada ideia e ela está clara em sua mente, pergunte para seu chacra cardíaco como ele se sente com relação a essa ideia. Você pode sentir um grande calor benéfico em seu peito dizendo que seu chacra cardíaco gosta da ideia. Você pode sentir uma sensação de aperto por dentro dizendo que seu chacra cardíaco não gosta da ideia. Você pode não sentir nada sob qualquer condição, o que indica resposta neutra de seu chacra cardíaco.

Se você recebeu uma resposta afirmativa de seu chacra cardíaco, pergunte ao seu chacra sacro o que acha da ideia. Seu segundo chacra está envolvido com a criatividade e responderá de forma igual ao seu chacra cardíaco.

Se seu chacra sacro também lhe deu uma resposta positiva, pergunte ao seu chacra laríngeo a respeito da ideia. Esse chacra é envolvido com a autoexpressão e a comunicação. Se você for tirar sua ideia do papel, precisará do apoio dele.

Depois disso, discuta a ideia com Rafael mais uma vez. Diga como cada chacra se sentiu enquanto avaliava a ideia. Veja se ele tem restrições ou sugestões. Se sua ideia inicial sofrer alteração por causa dessa conversa, fale com os chacras de novo.

Uma vez que esteja feliz com a ideia, ande devagar pelo arco-íris com Rafael de novo. Agradeça pela ajuda. Esteja ciente de onde está sentado ou deitado. Quando se sentir pronto, abra os olhos, espreguice-se e comece a implementar a ideia.

Criando uma Vida

Você é um ser humano perfeito. Naturalmente, existem talvez características que você gostaria de mudar, mas, na realidade, você está íntegro e perfeito. Sem dúvida, terá problemas e dificuldades de vez em quando, enquanto viver. Todos passam por experiências diferentes para aprender as lições que precisam ser bem entendidas nesta vida.

Algumas delas serão de natureza cármica. Carma é a lei da causa e efeito. Uma boa ação feita hoje resultará em algo agradável que vai acontecer com você no futuro. Isso é um bom carma. Entretanto, algo feito com má intenção também tem de ser devolvido no futuro. Isso é um carma negativo. Rafael não pode remover essas dívidas cármicas, pois são lições que precisam ser aprendidas para a sua alma evoluir. No entanto, Rafael sempre quer ajudar você a lidar com seu carma. Ademais, ele quer proporcionar-lhe integralidade e harmonia.

Muitos problemas que ocorrem com integralidade e harmonia provêm de falta de autoaceitação. A vida é mais divertida quando você aceita o seu jeito de ser. Como todo mundo, você é uma mistura complexa de traços positivos e negativos, e esses traços podem fazer com que se sinta mal ou desvalorizado.

Você já guardou mágoa ou ressentimento por muito tempo? Eu certamente já. Sentimentos desse tipo causam tensão e estresse no corpo. Conflitos de qualquer origem têm uma resposta emocional no corpo, o que pode gerar problemas físicos. Apesar de ser difícil, é muito mais saudável deixar a mágoa ir embora.

O método oriental de "seguir a onda", de aceitar o que aconteceu e de se recusar a resistir ou combater o inevitável leva à integralidade e à harmonia. Não significa que deve deixar que os outros pisem em cima de você ou aceitar humildemente tudo o que é imposto. Tudo isso significa resignação, em vez de resistência. Dado que comece a fazê-lo, todos os aspectos de sua vida serão mais agradáveis, fáceis e divertidos.

Na maior parte das vezes, os problemas na vida são causados pelos nossos egos. Uma vez que conseguimos abandonar esse "eu" dentro de nós e seguir os ritmos eternos da vida, podemos começar a controlá-lo e a lidar com ele. Também podemos criar uma vida significativa que valha a pena.

Rafael quer ajudar a criar a melhor vida possível para você. Em suas frequentes sessões com ele, peça conselho quando precisar.

Capítulo 11

Conclusão

Como você ficou sabendo, o arcanjo Rafael tem muitas funções e deseja ajudar de muitas formas. Ele quer que você alcance o tipo de vida com que sempre sonhou. Com o apoio dele, não há limite para o que você pode conseguir. Dado que comece a lidar com ele, perceberá que seu destino vem do futuro, em vez do passado. O que você foi não é importante, contanto que tenha aprendido a partir dos erros do passado. O que importa é como você vive no presente e o que venha a ser no futuro. Rafael quer ser seu guia e conselheiro, e o auxiliará em todos os momentos enquanto você viver.

Vi o resultado da ajuda de Rafael na vida de muitas pessoas e sei que ele pode fazer o mesmo por você. Tudo que precisa fazer é pedir. Em troca, ajude Rafael o máximo que puder cuidando do meio ambiente.

Leia bastante acerca do reino angelical. Peça a ajuda dos anjos para crescer em termos de sabedoria e compreensão. Torne-se familiar com seu anjo da guarda. Há muitos livros que podem ajudar nisso.[47] Comunique-se com seu anjo da guarda e com os arcanjos sempre que puder. Assim, você será muito mais espiritualizado e esses encontros terão efeito positivo em todas as áreas da sua vida.

Espero que este livro dê muito material para que você lide e pense a respeito. Agora, fica a seu critério. Desejo grande sucesso.

---

47. Richard Webster, *Spirit Guides and Angel Guardians* (St. Paul, MN: Llewellyn Publications, 1998), pp. 50-58.

Bibliografia

Apocrypha: Os livros chamados Apocrypha de acordo com a Versão Autorizada. London, UK: Oxford University Press, s. d.
BLACK, Matthew (comentarista e editor). *The Book of Enoch or 1 Enoch: A New English Edition*. Leiden, Netherlands, 1985.
BRANDON, S.G.F. *Religion in Ancient History*. London, UK: George Allen and Unwin Limited, 1973.
BROCKINGTON, L.H. *A Critical Introduction to the Apocrypha*. London, UK: Gerald Duckworth and Company Limited, 1961.
BUNSON, Matthew. *Angels A to Z*. New York, NY: Crown Trade Paperbacks, 1996.
BURNHAM, Sophy. *A Book of Angels: Reflections on Angels Past and Present and True Stories of How They Touch Our Lives*. New York, NY: Ballantine Books, 1990.
CAHILL, Thomas. *Desire of the Everlasting Hills*. New York, NY: Nan A. Talese, divisão de Doubleday Dell Publishing Group, Inc., 1999.
CONNELL, Janice T. *Angel Power*. New York, NY: Ballantine Books, 1995.
DALEY, Brian E. *The Hope of the Early Church: A Handbook of Patristic Eschatology*. Cambridge, UK: Cambridge University Press, 1991.
DAVIDSON, Gustav. *A Dictionary of Angels*. New York, NY: The Free Press, 1967.
FOX, Matthew & SHELDRAKE, Rupert. *The Physics of Angels: Exploring the Realm Where Science and Spirit Meet*. San Francisco, CA: HarperSanFrancisco, 1996.

GINZBERG, Louis (traduzido por Henrietta Szold). *The Legends of the Jews* (7 volumes). Philadelphia, PA: The Jewish Publication Society of America, 1909-1937.
GIOVETTI, Paola (traduzido por Toby McCormick). *Angels: The Role of Celestial Guardians and Beings of Light*. York Beach, ME: Samuel Weiser, Inc., 1993.
HODSON, Geoffrey. *The Angelic Hosts*. London, UK: The Theosophical Publishing House Limited, 1928.
JONES, Timothy. *Celebration of Angels*. Nashville, TN: Thomas Nelson Publishers, 1994.
LIPPMAN, Deborah & COLIN, Paul. *How to Make Amulets, Charms and Talismans: What They Mean & How to Use Them*. New York, NY: M. Evans and Company, Inc., 1974.
MILIK, J.T. (editor). *The Books of Enoch: Aramaic Fragments of Qumrân Cave 4*. Oxford, UK: Oxford University Press, 1976.
MUHAMMAD, Shaykh & KABBANI, Hisham. *Angels Unveiled: A Sufi Perspective*, Chicago, IL: KAZI Publications, Inc., 1995.
MYER, Isaac. *Qabbalah, the Philosophical Writings of Solomon Ben Yehudah Ibn Gebirol or Avicebron*. London, UK: Robinson and Watkins, 1972. (Publicado primeiro em Filadélfia, 1888.)
PARRINDER, Geoffrey. *Worship in the World's Religions*. London, UK: Faber and Faber Limited, 1961.
PSEUDO-DIONYSIUS (traduzido por Colm Luibheid). *Pseudo-Dionysius: The Complete Works*. Mahwah, N.J.: Paulist Press, 1987.
RAVENWOLF, Silver. *Angels: Companions in Magic*. St. Paul, MN: Llewellyn Publications, 1996.
RINGGREN, Helmer (traduzido por David Green). *Israelite Religion*. London, UK: S.P.C.K., 1966.
SCHNEIDER, Petra & PIEROTH, Gerhard K. *Archangels and Earthangels: An Inspiring Handbook on Spiritual Helpers in the Metaphysical and Earthly Spheres*. Twin Lakes, WI: Arcana Publishing, 2000.
SCHOUTEN, J. *The Pentagram as a Medical Symbol*. Nieuwkoop, Netherlands: De Graaf, 1968.

SHINNERS, John (editor). *Medieval Popular Religion 1000-1500: A Reader*. Peterborough, Canada: Broadview Press, 1997.

SWEDENBORG, Emmanuel (traduzido por George F. Dole). *Heaven and Hell*. West Chester, PA: Swedenborg Foundation, 1976.

SWEETMAN, J. Windrow. *Islam and Christian Theology* (4 volumes). London, UK: Lutterworth Press, 1947.

WEBSTER, Richard. *Spirit Guides and Angel Guardians*. St. Paul, MN: Llewellyn Publications, 1998.

WELBURN, Andrew. *Mani, the Angel and the Column of Glory: An Anthology of Manichaean Texts*. Edinburgh, Scotland, 1998.

Este livro foi composto em Times New Roman, corpo 11/13.
Papel Offset 75g –
Impressão e Acabamento
Neo Graf Indústria Gráfica e Editora Ltda.
Rua João Ranieri, 742 - Bonsucesso - Guarulhos **Fone: (11) 3333-2474**